我可以這樣改變人生

佛子行三十七頌

堪布慈囊仁波切◎著

目錄

6 勝義菩提心的實修方式 II 185

【推薦序】

改變習性，改變人生

成爲聖人不是夢，這是一本稱得上是人生智慧寶典之書籍，也可以說是一本打開心靈之門使之超凡入聖的一把鑰匙。

只要你願意立志改變自己，在不斷的努力之下，終有一天能成爲聖人。

生處於二十一世紀高科技時代，當時代越進步，相對的每一個人的壓力煩惱就越重，快樂自然日趨減少，煩惱日日漸增，壓力倍增，病痛就自然產生。每一個人都在情緒中度日，自私心也就越來越強烈，護己排他之心就產生了，人與人之間勾心鬥角，情感自然淡薄，大家爲了求生存不惜做出傷害他人或陷害他人的伎倆，造成整個社會充滿了鬥爭，缺少了關愛與溫暖，演變成適者生存之現象，這完全是來自於內心的恐懼與不安造成的。

人們爲了生活的重擔，經濟的壓力、事業、感情、婚姻、學業、病痛……等造成內心惶恐，各個自我意識強烈，爲了自保、無所不用其計，在每一個職場單位都可以看到暗鬥污衊……等事情彼彼皆是。

堪布慈囊仁波切在此書中針對佛子行三十七偈頌之智慧語有非常詳盡之解說。仁波切雖然是一位出家人，但是他對每一個人的煩惱及痛苦有非常深入的瞭解與探討，他在臺灣、新加坡、馬來西亞、美國、印度、尼泊爾、西藏、中國大陸等國家多年弘揚佛法的期間，幾乎每天都有許多人向他請教各種問題，以至於讓他更加瞭解在家人的煩惱與痛苦，仁波切非常慈悲又有耐心的勸導與教導，回答每個人的問題，仁波切說：「每件事情的發生都有其因緣，若想有所改善，首先要從自己改變起，我們無法改變他人，一定要自己徹底的改變，再來影響感化對方，事情才能圓滿解決，不是硬要對方改變對自己的態度，那是不可能的，也不是一件容易的事，還是自己改變比較快一點。」

人生當中有許多的酸、甜、苦、辣、悲歡離合、愛與恨，是每一個人都會嚐受到的痛苦，因爲我們是生處在無常變異的世界，不管你是生處在任何的環境當中，每天都會遭遇到大大小小意想不到的事情，但是爲了求生存，無論遇到任何困境都要勇於面對，用智慧去處理，不要用情緒去處理，更不要逃避，如果逃避，事情只會越來越糟，誤會越來越深，當事情處理完畢後就一定要放下，不要再放在心上障礙自己、綑綁自己，將有害無益。

仁波切看到衆生之擔憂及苦惱，他希望大家能將三十七句偈頌牢記在心，用之於日常生活當中，無論遇到任何困境，以三十七句偈頌轉化你的內心及念頭，使之成爲良善與寬容，如此慢慢練習久而久之自然成習慣，過去自我意識強烈剛硬的個性慢慢會獲得改善，心胸自然變得寬廣，不再計較他人對我的侮辱或傷害，過去不好的習氣，一定要告誡自己，下功夫去改變，對自己今生或來世都會有非常大的好處，不但人緣廣增，智慧增長，運途自然變好，事業自然順暢，家庭自然和諧；因內在的改變，外在的一切自然跟著轉變，命運掌握在自己的手中，就看自己願不願意努力突破改進自我。

古人說：「天下無難事，只怕有心人」，這句話就已經很清楚的告訴我們了，只要下定決心做一件事情，沒有不能克服的困難，就怕自己沒有信心不願努力去做，那任何人都幫不了你，事情還得靠自己去解決才行，當你眞正改變自我的習性一定可以超凡入聖，這不是一句笑話或天方夜譚，是眞實之語。如果大家看完此書籍之教導，將三十七句偈頌如實的運用在日常生活當中，一定可以感召自身周圍的親朋好友、家人或同事、同學，大家因你的改變，而看到了自己的缺點，久而久之也會跟著改變，慢慢的範圍會漸漸擴大到整個社會，甚至於整個國家及鄰近邦交國都會跟著改變，逐漸的傳遍全世界都充滿了祥和之氣，世界和平不是夢。

希望看完此書後，就從你我做起，改變習性、改變人生，改變社會與世界，使之變得更美好，永結生生世世的善緣。

菩提三乘林佛學中心

會長 王莎賀 敬筆

序

佛教徒最主要的修持內涵爲「解脫」與「利他」兩方面，至於「解脫」的主因爲甚深空性，而「利他」的主因則是菩提心。

《佛子行三十七頌》主要內容爲開示菩提心與佛弟子們身、語的行爲，由成就菩提心之大菩薩無著賢尊者所作。他將佛子們的行儀分成三十七個部分，開示依勝義菩提心、自他平等、自他交換、自輕他重之心、三士道次第之修心與六度而實踐自、他二利之方法。本書尤其開示出在日常生活中，當我們值遇尊卑、貧富、苦樂、讚毀之外在好、壞因緣等時，如何將之轉爲道用；而當內心遭逢自心相續之無明、貪、瞋、我慢、嫉妒、競爭心、害他心、擔憂等煩惱、痛苦、困頓而心不調伏、起煩惱時，要如何於心相續上依照其對治法來修持，使心轉爲平靜、輕鬆、寬廣、安樂與善良之方法。此論將佛子們的廣大行儀匯集成三十七個部分，以意義容易明白與文詞便於記憶之簡便方式清楚地開示出來。

《佛子行三十七頌》是開示修行者行爲的部分。究竟的見地需要在行持上具有慈心、悲心，且身、語的行爲善業圓滿，因此實踐菩薩諸行儀是非常重要的。行儀主要是指無害平和之行爲。我們有許多的佛教徒平時僅是供佛、祈請、持咒，希望得到諸佛菩薩及上師的加持，或者全心寄託在持心之所緣上，並認爲佛法也只是這樣而已，也就假裝著自己也在修行者的行列中；也有些人則是會去做一些建造寺院與佛學會之類的善法，然而在日常的社會生活裡，其身、語、意三門仍舊停留在平庸的階段。佛法的必要性主要在於能夠調伏自心相續與斷除煩惱，尤其是當行者在社會生活中遇到缺失、煩惱時，能夠不受其影響，並能將缺失與煩惱帶到修行道上，令自心寧靜、平等、能夠自主，繼而在實踐因果取捨之要點上能究竟斷除輪迴，終至獲得解脫的果位。而這些的基礎需要如《佛子行三十七頌》中所開示的：心行相合、見地與行為皆不偏廢、正法與自心續能夠熟習相融、依於法而行利他、使自心續平和、三門皆能趨入善道。此《佛子行三十七頌》之闡釋，以日常生活與社會行事相關之方式來講解，因此若能實踐此法則能利樂社會，況且我們在日常生活中也需要能行持正法。學佛者更應徹底學習佛菩薩的慈悲與智慧，利樂一切有情眾生為根本。

我基於相信、希望且祈願對這些方面能產生廣大的利益而講解此書，並衷心祈願能如是成就，故謹以此為序。

【佛子行三十七頌】

無著賢菩薩　著

南無羅給夏拉亞

雖見諸法無來去，唯仍勤行利眾生，上師怙主觀音前，虔以三門恆頂禮。
利樂源自佛圓覺，從修正法而出生，修法當依明行要，是故宣說佛子行。

此生幸得暇滿船，自他須度生死海，故於晝夜不懈怠，聞思修是佛子行。
貪愛親眷如水盪，瞋憎怨敵似火燃，癡昧取捨猶黑暗，離家鄉是佛子行。
捨離惡境惑漸減，棄除散亂善自增，自心清淨起正見，依靜處是佛子行。
長伴親友須別離，勤聚之財必捐棄，識客終離客舍身，捨世執戀佛子行。
伴隨惡友三毒盛，聞思修德漸壞少，慈悲喜捨令退失，遠離惡友佛子行。
依善知識罪漸消，功德增如上弦月，珍視智慧聖導師，重於自身佛子行。
自身仍陷輪迴獄，世間神祇能護誰？應依殊勝無虛者，皈依三寶佛子行。
諸極難忍惡趣苦，世尊說為惡業果，縱須捨命為代價，亦不造罪佛子行。
三界樂如草頭露，均屬剎那壞滅法，不變無上解脫道，奮起希求佛子行。
無始劫來慈憫恩，諸母若苦我何樂？為度無邊有情故，發菩提心佛子行。

諸苦源於貪己樂，諸佛生於利他心，故於自樂與他苦，如實修換佛子行。

縱他因貪親盜取，或令旁人奪我財，猶將身財三時善，迴向於彼佛子行。

我雖無有何罪過，竟有人欲斷吾頭，然以悲心於諸罪，自身代受佛子行。

縱人百般中傷我，醜聞謠傳遍三千，吾猶深懷悲憫心，讚嘆他德佛子行。

若人於眾集會中，揭我隱私出惡言，猶視彼如善導師，恭敬致禮佛子行。

護養於他若己子，其反視我如仇敵，仍似慈母憐病兒，倍加悲憫佛子行。

其若等同或低劣，心懷傲慢侮蔑我，吾亦敬彼如上師，恆常頂戴佛子行。

縱因貧困受輕賤，復遭重病及魔障，眾生罪苦己代受，無怯懦心佛子行。

雖富盛名眾人敬，財寶等齊多聞天，猶觀榮華無實義，離驕慢心佛子行。

若未降除內瞋敵，外敵雖伏旋增盛，故應速以慈悲軍，降伏自心佛子行。

三界欲樂如鹽水，渴求轉增無饜足，於諸能生貪著物，即刻捨離佛子行。

諸法所顯唯自心，性體本離戲論邊，不著能取所取相，心不作意佛子行。

遭逢欣喜悅意境，應觀猶如夏時虹，外象美麗內無實，捨離貪執佛子行。

諸苦猶如夢子死，妄執實有極憂惱，故於違緣逆境時，當觀虛妄佛子行。

為求菩提身尚捨，身外物自不待言，布施不盼異熟果，不求回報佛子行。

無戒自利尚不成，欲求利他豈可能？故於世樂不希求，勤護戒律佛子行。

欲積福善諸佛子，應觀怨家如寶藏，於眾生捨瞋惡心，修習寬忍佛子行。

見求自利二乘士，勤修行如救頭燃，利眾生為善德源，歡喜精進佛子行。
甚深禪定生慧觀，摧盡業障煩惱魔，知已應離四無色，修習靜慮佛子行。
五度若無智慧導，菩提正覺難圓成，認知三輪實體空，智巧合一佛子行。
若不省察己過錯，披佛外衣行非法，故當恆常行觀照，斷除己過佛子行。
我因煩惱道他過，減損功德徒退轉，故於菩薩諸缺失，切莫議論佛子行。
因求利敬起爭執，聞思修業漸退轉，故於親友施主家，捨棄貪戀佛子行。
粗言惡語惱人心，復傷佛子諸行儀，令人不悅之惡口，捨棄莫說佛子行。
煩惱串習難對治，覺智之士正念持，貪瞋癡心初萌起，即時摧滅佛子行。
無論何時行何事，應觀自心之相狀，恆繫正念與正知，成辦利他佛子行。
由此精勤所修善，為除無邊眾生苦，咸以三輪清淨慧，迴向菩提佛子行。

1・學習教法的動機和態度

「心善地道善，心惡地道惡；一切依善心，努力於善心。」如果一個人心地善良，他的地道功德都是善良的；如果心地不好的話，所得到的地道功德也是不好的。一切都是依靠善良的心，所以大家一定要努力學習善良的心。在學習任何教法時，動機非常重要，因此必須先調整自己的動機。

那麼，該如何調整出具有菩提心的動機呢？應當如此思惟：「為了安置一切遍滿虛空的如母有情眾生，使他們得到究竟安樂的圓滿佛果，因此我要來做正法的聽聞和思惟；在聽聞和思惟時，對教法的意義必須確實地去了解。」

除此之外，還有行為的調整，分為三種類型：學習教法時應有的態度、學習教法時應避免的錯誤和相隨順的威儀。

學習教法時應避免的錯誤

學習的三種過失

耳不專注如器皿倒覆之過　當我們把碗顛倒過來時，就不能裝水或盛食物了；同樣的，在講說和聽聞教法時，耳朵若沒有專注在聽聞教法的詞句上，就無法了解佛法的意義。這是第一個要避免的過失。

意不執持如器皿穿漏之過　在講說和聽聞法教時，耳朵雖然專注地聆聽詞句和意義，但是聽了之後若沒有記在心裡，就好像器皿底下破了一個洞，即使這個碗已經放正並把水及營養的東西倒進去了，仍留不住任何東西一樣。這是第二個要改正的毛病。

煩惱相伴如摻雜毒食之過　講說和聽聞教法時，耳朵雖然專注地聽聞教法，一旦內心產生貪戀、瞋恨、愚癡等三毒、五毒的煩惱，即使這個法是甚深的教法，非常有益，但對聽聞的人來說還是沒有用處，就好像在有營養的食物中下毒一樣，這些豐盛的食物就不能吃了。這是第三個要淨除的過失。

學習的六種污垢

《釋明論》中說：「傲慢無正信，求法不精進，外散及內收，疲厭皆聞垢。」

第一個污垢是以不恭敬的方法來學習教法，必須加以滅除。

第二個是沒有信心，指的是在聽聞教法時，對上師、佛法沒有信心，這也是一種毛病。

第三個是不熱切追求，也就是沒有重視之心。實際上，我們應當將佛法看得比自身的性命還重要，帶著這種熱切追求的心來聽聞和思惟佛法才是正確的。如果對佛法沒有重視、信心和恭敬的心，抱著隨便而輕忽的態度，以爲什麼時候學習都可以得到，這是最要不得的。有沒有得到教法的利益究竟？教法的實修徹不徹底？教法加持力量的多寡？這些方面有很大的差別，這一點是大家要了解的。

舉例而言，密勒日巴尊者從內心深處把佛法看得比自己的性命還重要，寧可捨棄性命也不願捨棄佛法，以這種對佛法的重視之心來實修，得以在一生中獲得雙運金剛持的果位，證得究竟的佛果。在現代，西藏仍有許多熱切追求佛法的人，他們在實修後，便能夠徹底、究竟地成爲大成就者，這種例子非常多。

當今社會學習佛法的人雖然很多，但許多人常常會把一些世俗小事看得比佛法還重要，覺得如果這件事情能夠達成的話，才去學習佛法，否則就寧可捨棄佛法。例如，因爲今天有事、身體不舒服或心情不好，就不去聽佛學課，輕易地就放棄了佛法，如此一來，即使已經學習佛法很久了，但由於沒有重視佛法更甚於自己的身體和性命的心，也沒有徹底究竟並下功夫地去實修，那麼就算學得再久，也無法從佛法中獲益；甚至想要透過佛法的實修來達到個人的目的，成爲一個博通教法的人，也是不可能的。

如果我們看過往昔的前輩、聖者、諸佛、菩薩熱切追求佛法的傳記，其中不乏許多前輩、聖者爲了徹底了解一個偈子的意義，即使捨棄身體和性命也在所不惜的例子，這就是因為他們對佛法熱烈追求、非常重視的緣故。

第四個污垢是心思渙散，也就是心思充斥著許多妄念，以致不能專注在教法的詞句和意義上。譬如心中想著以前和以後的事情，或是回憶美好的過往，甚至一方面計畫著未來、一方面又想著現在要做的事情。一旦心無法專注，不論學得再久，也不能發揮用處。

第五個毛病是內心過於收攝，意思是如果內心太緊繃，身體就會跟著緊張，導致心情沉重，而造成疲累和昏睡的現象，使內心不能明晰清楚和神清氣爽。

第六個毛病是內心憂慮，例如擔心身體不舒服，擔心坐太久兩腿酸麻，擔心哪件事情沒有做好，擔心工作沒有如期完成。一般來說，學習佛法時，內心應該保持喜悅快樂，珍惜法緣；如果心中充斥著擔心、憂慮、不快樂，在聽聞教法時就不能產生作用，對正法來說也類似一種邪見，會導致接近捨棄佛法的業，這是一個很大的過失。

以前有一位西藏的上師，名叫「拉喇曲諄」，是一位大博士和大成就者，在他寫的《阿彌陀佛極樂祈願文註解》中提到：「在講說、聽聞教法時，如果是很憂慮、痛苦、難過地來學習佛法，在佛堂中痛苦地念誦祈願文的話，還不如到外面去唱歌比較快活。」若身體坐在佛堂中學習佛法，內心卻很痛苦、憂慮，這種情形有點類似邪見，是接近捨棄佛法的業，會導致不好的緣起，未來將難以遇到大乘的上師、善知識與純正的佛法，所以這一點講得非常好。

五種不執持

執持就是「抓住」。五種不執持的第一種是抓住意義，卻沒有抓住詞句。一般來講，「意義」是指所詮釋的部分，包括主旨和核心思想，亦即佛法的意義。而要了解佛法，便必須依靠能詮釋其意義的詞句。有些人認為學習佛法時，法教所詮釋的宗旨、主題、思想是最重要的，反而忽略了詞句，這便造成錯誤的學習方式。因為佛法的核心思想必須依靠能詮釋的詞句來解釋，如果沒有能詮釋的詞句，我們又如何能了解所詮釋的核心思想呢？

相反的，抓住詞句，卻沒有抓住意義，當然也是不應該的，是不恰當的執持方法。很多人認為經典中的詞句非常美好，就把這些經典的詞句記住了，卻沒有去思考詞句所蘊含的意義、主題和思想。當我們能夠了解這些佛法詞句的意義時，才能真正的實修正法，所以如果你抓住了詞句而不管它的意義的話，便是錯誤的。

第三個是既不執持詞，也不執持義，認為詞句和意義都不重要，也就是同時違犯了前面所講的兩種過失，這當然是不對的。對於詞句和意義都必須重視才行。

第四個是上下顛倒。學習佛法一定有其先後順序，譬如我們必須先皈依，然後才發菩提心；但是現在了解了皈依，也了解了發菩提心，若把發菩提心放在皈依之前學習，雖然發菩提心是對的，皈依也是對的，但是順序卻錯了，就會導致錯誤的結果。所以，學習佛法必須依循一定的順序。

第五個不執持是錯誤地了解。聽聞佛法開示時，應正確了解它的意義。譬如在教授皈依的意義時，必須正確地了解，若理解錯誤了，就必須立刻改正過來。例如解釋無常卻了解成有常，將一切萬法是無常的，誤解成一切萬法是有常的，這當然是嚴重的錯誤。

所以我們在講說和聽聞教法時，前面所說三種器皿的過失、六種污垢以及五種不執持，都是不對的部分，必須要去除。在了解這些過失的意思之後，必須反省自心有沒有這些毛病，如果有的話就要立刻改正。

學習教法時應具有的態度

六度

首先是要齊備六度來學習佛法。

布施　在講說和聽聞佛法時，首先要對上師、善知識、諸佛、菩薩獻曼達和祈請。大家應該聽過常啼菩薩學習佛法的故事。常啼菩薩依止其上師法聖菩薩，當法聖菩薩講《般若經》的時候，常啼菩薩就去聽。由於《般若經》很重要，所以講法的地點必須先灑水，以使灰塵不會飛揚。因爲《般若經》是非常重要的教法，所以魔鬼做了障礙，使當地找不到一滴水，雖然常啼菩薩四處尋找，但仍遍尋不著水源，只好把自己的血灑在地上，不使塵土飛揚。他是這樣學習佛法的。

持戒　以持戒來學習佛法的意思是約束我們的身、語、意三門不造不善業。

安忍　在學習佛法的時候，對於身體的痛苦、內心的勞累、天氣的冷熱等，應當要忍耐，這是安忍。譬如講課的時間可能很久，或是講課的內容太多而聽不懂，或是身體坐久了而勞累、腰酸背痛，這些雖然很辛苦，但是我們若能夠忍耐，好好地去學習，這就是安忍。

精進　在講說和聽聞教法時，如果以喜悅和快樂的心來學習，這就是精進。精進的定義是什麼呢？「對於善業內心喜悅」，這個「內心喜悅」的部分，我們稱之爲精進。所以如果身體很辛苦、很勞累地工作，做的時候內心又很痛苦、憂慮，便不能稱爲精進，只能算是懶惰。

禪定　以禪定來學習佛法的意思是耳朵專注在詞句和意義上。

勝慧　對於佛法的詞句和意義，除了耳朵專注地聽聞外，還要思惟教法的意義，確實掌握佛法的內容，這就是勝慧。如果能夠專注於教法的意義，並不間斷地思惟其內容，便是善分別的勝慧。

依四想來學法

要將上師、善知識當作是神醫，把自己當作是罹患痼疾的病人，所學習的教法是仙丹妙藥，至於佛法的實修則像病人吃了仙丹妙藥後，身體的不治之症便能快快治好一樣。如果一個人已經得了嚴重的疾病，不管醫生叫他吃什麼藥，在身體還沒有痊癒之前，都必須小心謹慎地服藥；學習佛法的道理也是一樣。我們是不是有疾病呢？答案是肯定的。我們有煩惱的疾病，並且因爲煩惱累積而造成身體的疾病，這些煩惱和身體的疾病所帶來的種種痛苦，應該怎麼消滅呢？要靠佛法，還有傳授佛法的上師、善知識。所以，佛法的開示者就像是醫生，上師、善知識就像是神醫，至於醫生所開的藥就像是上師所開示的教法，只要依照醫生給的藥好好調整自己的起居作息，再配合吃藥，就能治好疾病。上師、善知識所開示的正法就是一帖良藥，自己再依照正法正確地實修，就能夠淨除煩惱、疾病和痛苦。

正法是如此重要，如果學習了一天、幾個月、幾年就停止或捨棄，是不可以的。只要內心依然有煩惱，就應該繼續學習正法。修習佛法的目標是斷除內心的煩惱和痛苦，只要內心的煩惱、痛苦還存在的話，就要不斷積極地學習佛法，對佛法做聞、思、修。

以上講的是依於六度以及四想來學習佛法。當然，學習佛法時，還有許多態度、行爲必須齊備，不過這些全都包括在前面所講的六度和四想中，所以只要了解六度和四想也就足夠了。我們應該正確地理解學習佛法的動機和行爲，之後對於應當要學習和避免的取捨要點，必須正確地做到。

在齊備了前面所講的條件之後，我們來學習《佛子行三十七頌》中論典的分支部分，包括書名、供讚文和撰寫誓言。

書名

這部論典的名字是《佛子行三十七頌》。

供讚文

供讚文是一首做為供養的讚頌文，分為兩種：印度文的供讚文和西藏文的供讚文。

印度文的供讚文

南無羅給夏拉亞

印度梵文「南無羅給夏拉亞」的意思是頂禮世間聖自在者，這是從梵文直接音譯爲藏文的。

爲什麼要在論典的最前面寫上印度話的讚頌文呢？第一個原因是心中可以得到加持；其次是在內心種下學習梵文的習氣；第三個原因則是懷念翻譯師的恩惠。因爲這三個原因，所以最前面放一個梵文的句子。

首先就梵語而言，佛陀轉動法輪時是使用梵語來開示佛法，所以梵語是已經受到加持的語言，只要念誦這個語言，內心就可以獲得加持的力量。

其次，如果我們能稍加學習梵語的話，內心也就種下了善的習氣。文殊怙主薩迦班智達還是個小孩子時，就能夠念誦並學習梵語。因爲他好幾世都曾經學習梵語，對於梵語的習氣非常深厚，所以這輩子很容易就能夠精通梵文了。

最後，佛陀過往講經、轉動法輪的時候，所使用的是梵語，後代的譯師不惜犧牲性命，歷經千辛萬苦，努力學習佛法以翻譯梵語。因爲有前人翻譯之故，我們才能讀佛經典籍，這都是譯師的恩惠，如果沒有當時的翻譯，現在我們連聽聞、學習佛法的機會都沒有，所以把梵文保留下來可以讓我們憶念譯師偉大的貢獻。這是一個簡略的梵文供養讚頌文。

西藏文的供讚文

雖見諸法無來去，唯仍勤行利眾生，
上師怙主觀音前，虔以三門恆頂禮。

西藏文的供讚文是對上師和觀自在怙主做一個禮讚。第一句原文是「彼見萬法無來去」，彼是祂，是指觀世音菩薩。觀世音菩薩已經見到所有能夠知道的萬法沒有來去，祂的內心有殊勝的勝慧，以這個殊勝的勝慧看到一切萬法沒有來也沒有去，是空性、不生不滅。雖然觀世音菩薩已證悟萬法沒有來也沒有去，沒有戲論，一切萬法都是空性，但因為大悲關愛心之故，仍然日夜專一地勤於利益六道一切眾生。因此，對於開示教法的上師、善知識、怙主觀世音菩薩，我以身、語、意恭敬、恆常地做頂禮。

撰寫誓言

利樂源自佛圓覺，從修正法而出生，
修法當依明行要，是故宣說佛子行。

第一句是說我們現在暫時的利益和圓滿究竟的安樂泉源，是由何而來的呢？是從圓滿的一切諸佛而來。我們現在所能得到的暫時安樂包括天道、人道的利益，而究竟的安樂指的是解脫成就佛果的安樂。暫時的利益和解脫的安樂都是從佛的正法教導而來，而佛又從何而來？佛從以前在學道位的階段便對於正法不斷地聽聞、思惟、實修，最後成就佛果，所以佛從實修正法而來。

就成就圓滿佛果而言，首先是發起菩提心，中間以六波羅蜜的方式積聚廣大的兩種資糧，最後階段則是成就佛果，所以是因爲實修正法才能成就佛果。那麼應當怎麼做實修呢？首先要了解實修的方式是什麼。最初的階段是產生菩提心，那麼發起菩提心的方式是什麼呢？在中間階段要以六波羅蜜來積聚資糧，但是方式是什麼呢？如何以六度來積聚資糧？我們對這個方式要有所了解。若要實修正法，必須正確地了解實修的方式。所以，對於樂求解脫者，也就是重視想要解脫成就佛果這個目標並且熱切追求的人來說，佛子行實修的方式是什麼呢？實際上，佛子菩薩修行的方式是無量無邊的，但作者在這裡做了簡單的歸納，使用簡潔的詞句來闡述佛子實修的方式，不過意義和內容卻很完整、深奧。

爲什麼在撰寫典籍之前要撰寫誓言呢？因爲聖者在做任何事情以前，會先做詳細的評估和分析，以確定這件事是否有意義？是否是好事？如果值得去做就付諸行動，並立下誓言一定要完成，絕不放棄。龍樹菩薩在《智樹論》中提到：「善士不多許，倘難但已許，如石上刻畫，死亦不他改。」賢者不隨便允諾誓言，一旦允諾了，即使死亡也不會改變，就好像是在石頭上刻了一個圖案後就不能再改變一樣，賢者答應的事一定會去完成。如果不是一個純正的賢能之士，在開始做事之前不會先加以分析和衡量，而是冒冒失失地就允諾了，做了之後，只要遇到一點小小的變化就違背誓言，好像在水面上畫圖一般，馬上就改變。像這種情況，就算所做的是善的事情，也很難達成。所以，學習佛法要效法往聖先賢，在做事情之前要先妥善分析這是不是一個善業，若發現這是一件沒有傷害的事，並對自他都能帶來好處，才能夠去做。一旦開始做了，便不能輕易放棄，務必鍥而不捨、努力精進地完成。

2．發菩提心之因

* 思惟暇滿人身難得
* 去除惡劣的環境
* 依止寂靜蘭若
* 觀無常
* 捨離惡友
* 依止良師益友
* 皈依三寶
* 下士的道次第
——脫離惡道，進入善道的方法
* 中士的道次第
——脫離輪迴，進入解脫的方法

菩提心產生的原因可依《佛子行三十七頌》的前九頌來說明。

思惟暇滿人身難得

頌一 此生幸得暇滿船，自他須度生死海，
故於晝夜不懈怠，聞思修是佛子行。

如果依此來解釋的話，首先發菩提心的原因是思惟暇滿人身難得——暇滿的人身寶是很難得到的，而現在我們已經得到這殊勝的人身了。舉例來說，輪迴好比痛苦的大海，要穿越大海，必須依靠一艘大船，現在我們得到了暇滿的人身寶，就好像得到一艘可以穿越大海的船一樣，帶領我們穿越痛苦的輪迴之海。

我們現在之所以能得到暇滿的人身，是因爲過去生的福報和累積善業所致。如果我們從原因和數量上來了解和思惟，就可以了解暇滿人身是難以得到的，而我們已在此生得到了具足閒暇和圓滿十八種條件的人身，因此在這一生的機會中，就不能讓這個暇滿人身寶毫無意義地浪費。不能心思渙散或懶惰，應當好好運用暇滿人身寶以利益自己和其他眾生，使自他都能脫離輪迴苦海，並把這個當作目標，努力去追求。淨除了渙散和懶惰之後，日日夜夜對正法做聞、思、修，這樣就是佛子行。

《入菩薩行論》中提到：「暇滿此身獲得甚艱難，士夫義利即今能成辦，若於此時不勤作饒益，後世此事何從得圓滿？」如此閒暇圓滿的人身是難以得到的，如果已經得到並善加利用，就能夠讓我們解脫，成就一切智的佛果，同時擁有成就這種廣大利益的機會。但是如果我們不運用暇滿人身以達成廣大利益的話，下一世是否還有機會獲得這麼圓滿的人身呢？此生已獲得暇滿人身，若不致力於正法的實修，下輩子就很難再有機會了。

「無暇」指的是我們學習佛法時，有八種情況根本不能學習佛法，稱爲「八種有暇」。另外，學習佛法的順緣還有十種條件，稱爲「十種圓滿」，加起來是十八種條件，稱爲「十八暇滿」。

八無暇

龍樹菩薩講到一段頌文說：「地獄餓鬼及傍生，邊鄙地及長壽天，邪見不遇佛出世，愚笨（瘖啞）此等八無暇。」其中提到生於地獄、餓鬼、畜生、邊鄙地、長壽天、邪見、不遇佛出世與愚笨（瘖啞）等八種無暇。

第一個是地獄道。如果投生在地獄的話，要經常受八冷、八熱之苦，除了持續受到痛苦的逼迫外，沒有一絲空閒的時間可以思惟佛法，所以稱爲無暇。今天我們並沒有投生在地獄道，所以沒有受到八冷、八熱的逼迫，已經遠離了這種無暇，所以得到一個有暇。

其次是餓鬼道。餓鬼道經常承受饑餓乾渴之苦，沒有機會學習佛法。今天我們沒有投生在餓鬼道，避免了饑餓乾渴之苦，又少了一種無暇，得到一個有暇。

其次如果投生在畜生道，變成馬、牛、豬等等，要承受愚笨無知的痛苦，而且經常勞累地工作，沒有機會修行佛法。

其次是投生於蠻荒邊地，根本沒有佛法流傳，又怎麼有機會學習佛法呢？這也是一種無暇。

其次是如果投生在長壽天的話，內心就沒有任何想法，當然就沒有思惟的能力，在這種情況下度過一生，也就不會想到要學習佛法。

其次是如果投生爲具有邪見者，邪見者不會學習佛法，對佛法不相信也沒有信心，根本不會去實修正法，這也是一種無暇。

其次是佛不出世。如果佛沒有出現在世間，這段期間稱爲「暗劫」，將無法聽聞佛和法的名字，也就不能學習佛法。

其次是愚笨。藏文中，愚笨和啞巴是同一個字，這裡所指的是愚笨，意思是內心功能的不適當。有些人精神異常或心識錯亂，心識功能沒有能力也不適合做實修，這也是一種無暇。

在實修佛法上會遇到的逆緣即是以上八種無暇，如果能夠避免這八種無暇，就是八種有暇，所以請好好思考一下這些內容，在實修佛法方面，這八種逆緣是否都已避免掉了？是否具足八種有暇了？

十圓滿

具足八種有暇後，進一步在實修佛法上還有十種順緣，其中，自己齊備的有五種，外在環境齊備的有五種，分別稱爲「五種自圓滿」與「五種他圓滿」。

十種圓滿中，首先是五種自圓滿：「得生人中根具足，業際無倒信佛法。」五種自圓滿的第一個是人類的身體，然後要生在中原地區，要根門具足，不墮邊業，信依處。

六道衆生都有各自的身體，其中最特別殊勝的是人類的身體，所以要得到人類的身體。這個條件我們已經齊備了，這是第一個圓滿。

第二個圓滿是所生的地理環境殊勝，意思是要投生在佛法流傳的區域。佛法流傳的區域稱爲「中原」，這個條件我們也圓滿了。

再來是功德圓滿，指的是能力。自己在實修佛法時，眼睛沒有看不到，耳朵沒有聽不到，手和腳也沒有斷掉，可謂根門具足。眼、耳、鼻、舌、身具足之後，實修佛法就會順利，這便是功德的圓滿。

在身體殊勝、場所殊勝、功德殊勝之後，第四個是想法殊勝，就是不墮邊業（敬信三寶）。對於正法、上師、善知識具有信心，並熱切追求，非常重視，這是內心想法殊勝。相反的，若根本不相信上師和正法，就不會熱切地追求，也不會想要學習。現在沒有這種情況，而是熱切追求，這是想法殊勝，又得到一個圓滿。

第五個是信依處，也就是相信依靠之處，指的是佛教皈依之處，意思是我們的內心相信佛法，因而想要學習，這是相信之心。以上是自己必須齊備的五種自圓滿，想一想，自己是否已經齊備了這五種條件呢？

其次是五種他圓滿：「如來出世與說法，佛法住世入聖教，為利他故心悲愍。」佛陀出現世間、開示教法、教法安住世間、入於佛教之門與善知識悲心攝受等五個條件，是外在環境要齊備的五種條件，所以叫作「他圓滿」。

首先是導師要出現世間。在各種時劫中，有時候是有佛的時劫，有時候是沒有佛的時劫。現在是有佛的時劫，所以是導師圓滿。

其次，雖然佛出現世間，但是會根據弟子的信心和根器來講說教法，若沒有適當的因緣並不會轉動法輪。今天並不是這種情況，釋迦牟尼佛出現在世間，之後又開示教法，所以又得到一個教法圓滿。

佛出現世間，也開示了佛法，但是佛陀的教法流傳在世上是有一個期間的，如果佛陀的教法滅亡之後我才出生，也就不會有機會學習佛法。現在我出生的時候並不是這種情況，佛出現在世間，也轉動法輪，佛陀的教法還保留在世間，所以這是我們投生的時間圓滿。

其次，佛陀出現在世間開示教法，教法也流傳在世間，但是必須自己想要去學習，否則就毫無意義，這是入佛教之門的圓滿。

但是就算自己進入佛教之門來學習，若沒有開示正確實修教法的善知識，也會因爲沒有教導者而無法做實修。今天有善知識慈悲攝受弟子來教導，這是大悲攝受的圓滿。

如果具足了八種有暇和十種圓滿，這個具足十八種條件的身體就和其他的身體不一樣，所以稱爲「人身寶」。這種身體爲什麼非常特別呢？因爲具足這種閒暇、圓滿的身體之後，就能夠成就自他的利益，並成就解脫和一切智的佛果。因爲在得到解脫和一切智的佛果、自他二利徹底究竟的方便上，逆緣都排除了，順緣也已經齊備了，所以這是一個非常特別的身體。

雖然得到人類的身體，但若不具足「在實修佛法上逆緣要排除，順緣要齊備」這些條件，亦即總是遇到逆緣而順緣也不具足，在這種情況下，得到的身體只能算是一個普通的身體，並不能算是一個特別人類的身體。例如，密勒日巴尊者對獵人龔波多傑所講的話：「整體而言，人身寶是很難得到的，但是像你這種身體就不是很難得到了。」對於要行善業、做實修而言，暇滿的人身寶是很難得到的；但是如果要造作罪業，則得到這種身體就不算困難。而且如果想要造作嚴重的惡業，比起動物道的身體而言，人類的身體恐怕有更大的力量，所以會有更大的危險。以畜生道而言，如果想要造作一個非常嚴重的、讓牠投生到地獄道的罪業是不可能的，因為畜生道的衆生沒有能力去造作一個強大的罪業；但是人類的身體卻可以造一個非常大的罪業，例如殺害很多人，他可以有強烈的貪念和瞋恨心去造一個嚴重的罪業。相反的，動物如果要殺很多人，或是在心裡產生強烈的貪念或瞋恨，就比較不容易做到了。所以比起動物而言，若想要造作罪業，人類的身體反而更加危險。

一旦造作了罪大惡極的罪業，這個身體就毫無意義可言，甚至還會給自己帶來很大的危險，因為未來自己將會遭受到劇烈的痛苦。如果現在這個人身累積了種種嚴重的罪業，這些痛苦的因會使自己將來承受痛苦的果報。如果沒有造作罪大惡極的罪業，只是為了追求個人的衣食、名利、財富，而不能做到廣大的自、他二利，也不能好好地實修正法，這樣並不是運用身體的最好方式，意義也不大。

所以如果向上進步的話，運用這個身體可以得到佛的解脫和一切智的佛果，超越輪迴苦海；如果向下的話，讓人墮入地獄、遭受惡道猛烈痛苦的也是這個身體。所以，到底是要向上進步或是向下墮落，完全操之在己，也就是現在這個身體上。

《入菩薩行論》中曾經提到：「獲得如是有暇身，我今若不修善法，誑惑自欺無逾此，愚蒙過此亦無有。」得到人身寶之後，若不善加利用，從事廣大的善業與佛法的實修，反而平白地浪費，沒有比這更愚昧、更嚴重的欺騙了！所以，在獲得難以得到的暇滿人身寶後，就要讓這個身體更有意義，好好地實修。在了解了暇滿人身寶的珍貴難得，以及珍貴的理由後，就不能浪費這個暇滿人身寶，必須讓它發揮功效，成就自己以及其他眾生的利益，並且在此生中成就來世。要達到這個目標，應當好好地學習正法，以及做正法的實修。這是前輩聖者的典範，一切諸佛、菩薩的實修也是如此，因此我也應當效仿往聖先賢，發揮暇滿人身寶的功效，行善業、好好地實修，這是我的重責大任。

去除惡劣的環境

頌二　貪愛親眷如水盪，瞋憎怨敵似火燃，
癡昧取捨猶黑暗，離家鄉是佛子行。

前面是珍惜暇滿人身寶，再來是去除惡劣的環境，這些都是菩提心產生的原因。第二個頌文說的是什麼呢？人心會產生貪戀、瞋恨、愚癡等等，如果有一個惡劣的環境，會使我們的內心產生煩惱，因此必須去除這個惡劣的環境。

在消滅煩惱方面，首先要認識煩惱產生之處。內心的貪戀、瞋恨、愚癡等等煩惱產生之處，稱爲「家鄉」。提到「離家鄉是佛子行」的「家鄉」只是比喻而已，如同詩歌上的比喻，並不是指我眞正住的家鄉。用「家鄉」來比喻讓內心產生貪、瞋、癡等外在的對境，依於外在的對境導致內心產生貪、瞋、癡，因此將這煩惱的泉源之處、這個對境比喻成家鄉，並且遠離這個對境，才是佛子行。

使內心產生貪、瞋、癡的這些對境，是什麼樣子呢？第一個句子講讓我們產生貪愛的親人，無論是父母、親戚、朋友，都是我們關愛的對象，因爲依於這些對象而對他們產生強烈的貪愛、執著，讓我們的貪心愈來愈強烈，執著也愈來愈強烈，而強烈的貪戀和執著會導致內心動盪不安，好像水面上的波浪一樣，不會停止。這

是指對於悅意的對境、喜歡的對境，如父母、子女等等，依於這些對境，內心經常產生貪戀、執著，如波浪般波濤洶湧。

所以，內心的貪戀是一種煩惱，但是這個貪戀煩惱是如何產生的？是依於美好的對象而產生。當我想到一個美好的對象，內心因而產生了貪戀的煩惱，就要把這個對象列爲惡劣的對境，屬於一種逆緣，所以要遠離。不過，這裡說要捨棄對境是佛子行，如第一個句子說的：「使我內心產生貪戀、執著的對境必須捨棄。」這個捨棄不是說要消滅他或徹底離開他，到一個看不到他的地方去，而是指心須捨棄內心依於對境所產生的貪戀煩惱。貪戀煩惱是依於悅意的對境而生，如果想要去除內心的煩惱不再產生，就要在方法上好好努力。

譬如轉變一個外緣，不要去看這個對境，其次想想看煩惱有什麼過失？當煩惱產生時，有什麼方法可以對治？我們必須好好學習這些方法，善加運用，使煩惱不再產生。我們的主要目的並不在於消滅對境，而是如何讓內心不要產生這個煩惱，這才是最重要的目標。當然，如果不離開這個對境便無法淨除煩惱的話，就要考慮離開這個對境；但如果情況並非如此，那麼應對治的最重要部分並不是外在的對境，而是內心的煩惱。該如何壓制內心的煩惱不再升起呢？也許你可以考慮轉換一個對境，想想煩惱的過失、對治法門等等，繼而加以克服。

對我們而言，煩惱是因外在對境而引發的，所以外在對境非常重要，不過最重要的仍是如何消滅內心的煩惱。煩惱是經由外在對境的引發而產生，所以如果這個外在的對境是不好的，就予以排除，這當然也是一種方式；不過，淨除內心的煩惱才是最重要的。譬如就我們自己來討論：有一個美好的對象，也許是一個人或一樣東西，當我們看到這個美好的對象時，內心的貪戀和執著便愈來愈強烈，執著和貪心依於這個對象而產生，導致內心的貪戀不斷升起。如果認爲內心的煩惱是次要的，外在對境才是最重要的，認爲只要改變外在對境，內心的煩惱自然就會消失了。可不可能這樣做到呢？當然不可能。譬如以爲這個令我生起貪戀的外境是最主要的，所以現在把外境排除了，不要去看、不要接觸、也不要有任何來往，但是當我到其他地方時，仍會看到美好的人、事、物，貪戀和執著之心又隨之而生了。所以，外在對境並不是最重要的因素，是自己的內心對外境產生了貪戀、執著，它的過失是什麼？如何對治？當然，煩惱和外在對境有一定的關係，改變外在對境也是應該要做的，但這只是其次，重要的是逐漸減少內心的煩惱。

第二個句子提到，依於令我不悅意的對境、仇敵等所產生的煩惱，是強烈得猶如熊熊烈火般的瞋恨之心。憤怒是內在的煩惱，但是這個煩惱是怎麼引發的呢？因爲外在對境是一個不悅意的、不好的、不和睦，或者他是我冤家路窄的仇敵，遇到他時，我的內心就引發激烈怒火，是一個讓我生起煩惱、引發憤怒、生氣的外在對境，可以用「家鄉」來比喻，所以，必須去除這個惡劣的對境。這是一般的解釋。

不過更進一步地解釋：讓我產生瞋恨心的外在對境是冤家路窄的仇敵，這個不好的對境可以比喻爲「家鄉」，必須去除；但是不僅僅是這樣而已，最主要的是如《入菩薩行論》中所提到的：「要去除自己內心的仇敵——瞋恨，這才是最重要的。」原因何在？如果不降伏內心的瞋恨、憤怒，只是想轉換一個好的環境，期望這個環境中沒有任何敵人，以爲這樣就不會激起內心的憤怒，但究竟有沒有這種地方呢？答案是根本找不到。現在討論的這種情形，重點並不在於消滅內心的煩惱，而是放在想去一個沒有敵人的地方，這樣內心的煩惱、仇恨就不會產生，也就不會讓自己生氣了。但事實是，根本沒有這樣的地方存在。

《入菩薩行論》中提到：「悖逆有情等虛空，何能一一皆折伏？但能摧自忿恚心，一切怨敵皆調伏。」意思是說：「頑劣的衆生遍佈虛空，像天空一樣，如果想到一個沒有自己不喜歡的對象或敵人的地方，是不可能的！既然不可能消滅所有外在的敵人，如果能夠消滅內心這個瞋恨、憤怒的敵人，也就消滅了所有的敵人。」頑劣的衆生遍佈虛空，想要全部消滅，如何做得到呢？重點不要放在消滅外在的敵人，而是在於消滅內在的敵人。內在的敵人就是憤怒之心，只要把憤怒之心這個敵人消滅，內心就完全不會憤怒、生氣了；一旦內心完全不會憤怒、生氣，也就沒有敵人了！因爲你根本不會生氣，怎麼會有敵人呢？所以，只要將內心的仇敵消滅，就等於消滅了外在的仇敵；沒有憤怒之心，就等於沒有敵人。重點在於消滅自己的憤怒之心，這才是最重要的。

善惡的取捨點

「癡昧取捨猶黑暗」意思是，由於心中的無明和愚癡，導致我們忘記了外在事物善惡取捨的關鍵。無明和無知，就是一個惡劣的對境，用一個比喻來講就是「家鄉」。至於對善惡取捨的不了解，當然也應該去除。不過，這只是一般的解釋。雖然這和外在的對境也有關係，因為依於外在的對境，使得我們忘記並忽略了善惡的取捨。對一般人而言，這當然是有可能發生的，不過最主要的還是我們內心忘記了善惡的取捨要點，這便是一個煩惱——愚癡的煩惱。雖然一般情況下，外在環境也會導致我們忘記正念、正知，不過最重要的是，自己的內心要不斷地加強正念與正知；如果內心正念與正知的力量很強烈，對於善惡的取捨時時刻刻謹記在心，那麼外在的惡緣即使不離開、不避免，也不會造成任何影響。譬如與一個會引發我煩惱、使我忘記善惡取捨的外境相處時，由於內心正知、正念的力量，所以對善惡的取捨並不會衰微，內心仍是清明的，即使與逆緣環境在一起，也不會造成我的衰損，這是因為內心正知、正念強大的緣故。所以，平常實修佛法時，或是日常的行、住、坐、臥，或是工作時，最重要的是不間斷地依靠並牢記「正念、正知、不放逸」這三點。

我們平常要如何運用「正知、正念、不放逸」這三個項目呢？自己身、語、意三門的行爲，不是在行善業，就是在行不善業。也許我的身、語、意三門正在努力行善業，但是大多數情況卻是在行不善業。所以，「不放逸」的意思就是對自己的身、語、意三門要謹慎小心，應該經常鞭策身、語、意三門遠離不善業，並把三門安置在善業中，以此來時時刻刻提醒自己，這就是「不放逸」。

「正念」是分辨善業和不善業，辨別這是應當學的或是應該要避免的，這有什麼功德或過失，區分得清清楚楚的，不要忘記，這就是「正念」。正念的念力就是不忘記這是善的或是不善的。

「正知」指的是有能力檢討並分析自己的身、語、意三門平時都處在什麼狀況下。譬如觀照自己的身、語、意三門是否正在行不善業？是否正在做有過失的事情？或是正在做善業？隨時分析、檢討自己的身、語、意究竟是在行善業或是不善業，具備這個能力，就是「正知」。

我們必須依於正念、正知、不放逸，這樣，身、語、意三門的煩惱就會逐漸消失，而不會去行不善業，並經常努力做好事。同時，我們對於導致內心產生貪戀、瞋恨、愚癡等的這些外在環境，也應想辦法避免，並進一步努力滅除內心的煩惱。這件事是許多佛子菩薩付諸行動、劍及履及、實際去做的，所以我們也應該努力效法和實踐。

依止寂靜蘭若

頌三　捨離惡境惑漸減，棄除散亂善自增，
自心清淨起正見，依靜處是佛子行。

前面說暇滿人身難得，離開惡劣的環境，再過來就是要到好的環境。好的環境指的是什麼呢？是依止寂靜蘭若（蘭若：指寺廟）。我們必須捨離讓內心產生貪戀、瞋恨、愚癡等煩惱的惡劣環境，然而離開惡劣環境之後，要到什麼地方去呢？要到深山蘭若等寂靜的地方，這樣才可以好好地做實修。在排除了惡劣環境後，若能住在一個寂靜的地方，內心的貪戀、瞋恨、愚癡自然會逐漸減少，甚至淨除。如果我們不能滅除、離開或捨棄導致內心產生煩惱的惡劣對境，也就是如果我們對這些讓內心產生三毒、五毒煩惱的對境依依不捨、不願離開，這便是一個惡緣、逆緣，內心的三毒、五毒煩惱就會生生不息，不斷增加，無法消滅。

如果能夠把外在吵雜的環境、人事酬酢、往來等使我們產生煩惱的處所去除，內心自然不會渙散，煩惱和妄念就會減少，三毒、五毒的煩惱也會逐漸減少，自己就會努力地做實修，漸漸地，在善行、善業的觀想和實修方面就會增長進步。離開外在惡劣的環境，住到寂靜蘭若，有許多好處：首先你一定會神清氣爽，內心的理

智會更清淨、明晰，對教法很容易做聞、思、修，同時聞、思、修的勝慧很容易會在內心產生。對於正法比較容易做思惟和實修，之後就會產生聞、思、修的勝慧。具足了聞所生慧、思所生慧、修所生慧後，錯解教法意義的毛病就不會產生，便可以很正確地理解教法的眞義。

所以，「離開惡劣的環境、依於寂靜蘭若」是指身離開吵雜而寂靜，語離開講說而寂靜，心離開妄念而寂靜，身、語、意三門都能獲得寂靜。因為身、語、意離開吵雜、講說、妄念是過往許多菩薩重視並努力實行的，所以我們也要學習他們讓身體離開吵雜，語言離開講說，內心離開妄念，如此一來，內心的三毒、五毒煩惱一定會減少，相對地，自己的聞、思、修三業每天也會不斷地進步。

如果自己不能經常安住在蘭若中，便要根據自己的能力更努力地修行。譬如自己的身、語、意三門若不能遠離吵雜、講說、妄念等環境，就要到一個比較安靜的地方努力學習，這對一個初機的實修者是很重要的。如果自己的實修已經比較堅固、穩定，達到比較高的境界了，此時外在的任何外緣對自己已不再有任何改變或影響，那麼在深山或都市中實修並沒有分別。至於實修佛法是否一定要到深山裡去呢？這倒也不一定。一般來講，在深山安靜的地方，對我們的實修當然有很大的幫助，然而平常自己在小鎮、城裡、社會上生活、工作時，一樣可以實修佛法。

有這麼一個故事：一個出家人在深山中安靜地實修安忍，一段時間後，內心就不再生氣了，因此他認爲自己的安忍已經修得非常好了，於是就下山來。當他下山後，魔鬼化現成一群小孩子在路上玩，看到他時便問：「師父，您從哪裡來？」「從山上來。」「您到山上做什麼呢？」「做實修。」「做什麼實修？」「修安忍。」此時，孩子們開始胡言亂語，嘲笑他在山上如何如何，這個出家人便勃然大怒了。在深山實修時，他爲什麼不會生氣？因爲沒有遇到一個會讓自己產生憤怒的外境，所以感覺上好像實修得很好；可是下山之後，一旦遇到了外境逆緣的刺激，內心的憤怒仍會生起。依照這樣來看，在吵雜的環境中修安忍，是非常重要並有意義的。所以，即使身處於忙碌的社會中，善加利用都市的環境來做佛法的實修，仍然是可以做到的。

觀無常

頌四 長伴親友須別離，勤聚之財必捐棄，
識客終離客舍身，捨世執戀佛子行。

跟自己恆常相伴的父母、兄弟姐妹、親朋好友，雖然平常捨不得分開，但是最終仍不得不分離。佛陀曾在佛經中提到，這輩子生活在一起的父母、夫妻、好友，就好像市集中的攤販老闆和客人一樣，兩人本來並不認識，但業力和緣份讓彼此偶爾聚在一起，然後便又分散了。跟自己長時間在一起的父母、兄弟、夫妻、朋友，都是如此。

萬法無常，聚集了之後就會分散，因此一輩子辛苦追求的錢財物品，死的時候還是必須留下來。現在我們對於世俗錢財物品的貪戀和執著非常強烈，汲汲營營地去追求、經營，然而這一切在我們死亡時都變得毫無用處，都要捨棄。

《入菩薩行論》中提到：「縱能獲得諸所求，復於長時受安樂，終如被劫寸縷無，命終獨往唯空手。」死亡時赤裸空手而行，那怕有家財萬貫，一點也帶不走。我們出生時空手而來，不帶來什麼；死亡時空手而去，也不帶走什麼。所以，不論我們累積了多少財富、物品，最後都不能帶走，全部都要留下，能帶走只有自己此

生所累積的善業和惡業——不管我們造作了多少善業和惡業，最終都會伴隨著自己一起離去。

神識這個客人終究要離開身體這個旅館，錢財、物品、親人、朋友在我們死亡時都要留下，絲毫都不能帶走。不僅如此，當神識離開身體時，就如同旅客離開了投宿的旅館，這個自己最珍愛的身體最後也必須捨棄。

所以，佛陀也曾在佛經中說過：「明日及後世二者，何者早來不可知，勿致力於明日利，應致力於後世利。」明天或是下輩子，何者會早來誰也不知道！因此，不要只專注在這輩子的利益，應當努力於下輩子的事情。佛陀這句話的意思是說壽命無常，我們無從得知什麼時候會發生什麼事情，因為萬法無常，每一剎那都在不斷地改變，誰也不知道死亡什麼時候會發生。睡了一覺之後，也許是明天，也許是下輩子，下輩子跟明天哪個比較早來，誰也沒把握。既然如此，我們實在沒有必要投注這麼多的心血在這輩子的事情上，對於下輩子的事好好地努力才比較重要。

龍樹菩薩曾經說過：「呼氣、吸氣沉睡中，能得覺醒極稀奇。」壽命存在於氣息的出入，因此明天醒來時，如果氣息仍然繼續著，是一件多麼奇特稀有的事情！我們經常提到：一個人壽命存在，主要是靠呼吸，呼吸有出有入，一呼一吸不斷地持續，就是活著。然而，呼吸的持續性並不堅固、穩定，只要偶爾遇到差池、一點小小的外緣，呼吸就中斷了，這個人也就死掉了。所以，活著和死去的差別只在於微弱的呼吸有沒有在進行。呼吸的一呼一吸，就這麼簡單。我們今晚睡下，等到明天早上醒過來，呼吸竟然還持續著，沒有受到干擾、沒有受到外緣而中斷，這實在是一件奇妙的事情！

總而言之，親朋好友、自己所珍愛的身體，全部都要捨棄，因爲一切都是無常。佛陀曾說過：「一切有爲法都是無常的。」凡是有爲法都一定會壞滅，都是無常變化的。今後我們必須好好地自我檢視並分析，看看是否確實如此？萬法之中，根本沒有恆常存在、不會改變的事物，只要仔細地體察，就會發現確實是如此，所以，一定要了解一切萬法的性質是無常的。

外在的器物世間也是無常；內在的有情生命也是無常；再怎麼高聳如天空，也是無常，也會改變；再怎麼堅固如大地，也會滅壞；再怎麼富有如龍或大財神，最後也是無常；力氣再怎麼大的大力士，也是無常——一切萬法都脫離不了無常。既然如此，如果我們還強烈地貪戀、執著於這一輩子的事物，實在毫無意義。不管自己的貪戀、執著有多麼強烈，到了某一天，就像這句頌文中提到的，這些事物一定會離開我們，因爲一切都是無常。了解萬法都是無常的這一點之後，對這輩子的萬事萬物一定要有捨棄之心，這是前輩菩薩們的做法。

能夠捨棄此生的一切，純粹地實修正法，便是上等者。即使不能把世俗的一切全都丟棄，無論如何也一定要捨棄這輩子對我們有害、使煩惱與痛苦不斷增加的事情，以及不善業。但是現在的情況卻正好相反：現代人不僅無法捨棄世俗，反而努力去做會造成此生極大痛苦以及讓自己受到重大傷害的事情！我們仔細觀察社會上有些人在此生做了很多世俗的壞事，國家的法律不能阻止他造作惡業，父母、親人的教導也不能阻止他繼續做這些壞事，講說教法的上師、善知識的勸導也不能讓他改邪歸正，他仍把壞事看得如同自己的生命一樣，不斷地造作惡行，在造作不善業以及煩惱這方面，他還在加緊腳步以做得更多。這些都是會讓他下輩子投生於惡道的事情，而且這輩子，他就會感受到身心強烈的痛苦和煩惱。然而，他不但不捨棄，還很重視、珍愛、執著、努力地繼續作惡。

寂天菩薩曾說過：「雖欲棄除諸苦痛，然於苦痛急趨近；雖欲安樂然癡昧，已樂如滅仇般毀。」對於想要避免的痛苦，卻急忙跑到痛苦的前面；對於想要得到的快樂，卻像消滅仇敵般地予以消滅。一般世俗的凡夫都是這個樣子：內心想得到的是快樂，卻往往把快樂當成是仇敵般消滅，因而得到不快樂；內心想遠離痛苦，卻直接跑到痛苦的前面去接受並擁抱它。衆生都希望離苦得樂，爲什麼又要把快樂消滅掉呢？爲什麼要直接去接受痛苦呢？因爲愚癡之故，所以不知道善惡的取捨。

捨離惡友

頌五

伴隨惡友三毒盛，聞思修德漸壞少，
慈悲喜捨令退失，遠離惡友佛子行。

如果經常與惡劣的朋友在一起，內心三毒、五毒的煩惱就會愈來愈多。相同的道理，證得一切佛果的主要原因是聞、思、修，陪伴惡友會導致自己聞、思、修衰損，同時慈心、悲心等種種的功德也會減少，這都是因爲受到惡友的影響，所以一定要遠離這樣的惡友。假設一個人本性善良，行爲也沒有非常壞，但自從結交損友後，由於沾染了惡劣的習氣，以致品性慢慢變壞，行爲也變得和損友一樣。

譬如一個人結交了一個酗酒的損友，經常和他在一起，本來這個人滴酒不沾，但因爲和酗酒的酒鬼相處久了，慢慢地也變得愛喝酒，最後開始酗酒。這只是一個例子，要說明的是所交往的朋友如果品性不好、行爲惡劣，久而久之，自己的行爲便會沾染到他的習慣而變得惡劣。

《入菩薩行論》中提到：「惡劣的朋友就好像陶罐底下被火熏黑了，有很多的焦灰，充滿煤灰的陶罐不管放在什麼地方，一定會有一個黑色的印子。」一樣的道理，和邪惡的朋友在一起，就會受到影響而沾染到惡劣的習慣。譬如一個本來充滿香味的東西，一旦放在一個臭味薰天的地方，久了之後不僅香味消失了，最後也會變成臭的。所以，巴楚仁波切曾經說過：「如果和貪戀心強烈的朋友在一起，自己的貪戀心也會愈來愈強；和瞋恨心強烈的人做朋友，自己的瞋恨心也會愈來愈強；和愚癡心嚴重的人做朋友，慢慢地，自己的愚癡心也會愈來愈嚴重。」

現代人也有這種情形。注意看一下：如果我們和某個人做朋友，慢慢地，兩個人說話的方式、使用的措詞都會一樣，甚至連走路的方式、穿著的品味、吃東西的喜好也會變得相同，這就是受到朋友的影響。因此，遠離並捨棄損友，對我們很重要。同樣的道理，如果遠離邪惡的朋友，不受到他的影響，而去結交良師益友的話，那麼益友具備什麼功德，你也會逐漸地齊備。

佛陀在佛經中開示過：「不能和邪惡的人做朋友，因爲以後會沾染到邪惡的行爲。一個品性不好的邪惡之人，與他結伴久了之後，就不會認爲他的行爲是不好的，而且自己也會做同樣的行爲，變得品性不良了。」這是經典中談到過的，所以非常肯定的，離開損友是很重要的。

如果我們結交的朋友對佛法沒有信心、充滿邪見，就會變成自己學習佛法上一個很大的阻礙。我的一個朋友認識了某個人，有一天這個人談到：「做善業不會有什麼好處，做不善業大概也不會有什麼果報吧！」我的朋友來問我是不是這樣？我馬上想到《佛子行三十七頌》中的這句話果然非常重要：絕對不可以結交損友，否則必定會受到朋友的影響。自己不學習佛法，就告訴別人行善業沒有益處，做不善業也不會有果報，因爲這些都看不到，因而造成別人的疑惑。所以，不可以結交損友，尤其是一個根本不學習佛法，對佛法沒有信心，也沒有清淨心的朋友。就算是實修佛法的人，有些人對佛法的信心並不是非常強烈和精進。例如我們可以看到有些人也學習並相信佛法，但並不是非常專注在佛法上，反而喜歡說三道四，批評這個人做得不好，批評那個人的毛病過失，而自己的行爲也不是非常端正。雖然他們都是在學習佛法，對佛法也沒有產生邪見，但是他們的品性就是這個樣子，喜歡批評別人、挑剔別人的毛病，喜歡和別人起比較、嫉妒之心。如果和這些人在一起，久而久之，自己也會養成這樣的習慣，對佛法不專注，也無法精進。所以要斷除惡友、離開損友，這是佛子行。這裡提到佛子行的意思就是菩薩都是這樣子做，所以我們也應當如此，這是我們要學習的地方。

依止良師益友

頌六　依善知識罪漸消，功德增如上弦月，
珍視智慧聖導師，重於自身佛子行。

善知識、良師益友會讓自己得到很多好處，這個頌文的內容就是依止善知識。要依止對我們開示善惡取捨的上師、善知識，和他在一起，身、語、意的過失，以及內心的貪、瞋、癡三毒、五毒的煩惱都會逐漸減少。同樣的，正法的聞、思、修，身體、語言等等的優點，都會像上弦月般每天不斷增加，內心的功德也會每天不斷進步。因此，應該把上師、善知識、益友看得比自己的身體、性命更重要，好好地愛護、珍惜、依止他們，這是佛、菩薩的做法。

一般而言，一定要依止善知識、良師益友來實修佛法，這是肯定的。關於上師、善知識的重要性，有一段話說到賢劫千佛依於上師而產生：「賢劫千佛依佛生，無師之前無佛名。」現在這個時代是賢劫，賢劫要出現一千零二尊佛，並且全需依於上師、善知識所指示的道路以成就佛果。若沒有依止上師來學習，根本沒有人可以成就佛果，也就沒有「佛」這個名詞存在，所以說：「無師之前無佛名。」

《集攝經》中提到：「敬重上師之賢善弟子，經常依止諸博學上師，博學功德由此生之故。」一位賢善的弟子一定會依止博通經論、具足功德的上師、善知識，而弟子內心也將逐漸博通經論，功德也會不斷增加。有句話經常被提到，說上師是：「功德等同於諸佛，大恩更勝於諸佛。」意思是不論上師的功德是否跟佛一樣，自己實修時，一定要把上師的恩惠看得比佛還要重大。爲什麼呢？想想看，佛陀成就圓滿佛果之後轉動法輪，廣大地講說教法，但是我們學到了嗎？沒有！由於自己的罪業、障礙、業力，以致沒有眞實地禮拜佛陀，並從佛陀那裡學習佛法；可是，最終我們還是學到了佛所開示的成佛解脫之道，那麼，我們又是如何學到的呢？是依靠上師、善知識的開示，如實地將佛陀講說的教法教導給我們，讓我們有機會可以學習，所以就恩惠的角度來看，上師對我們的恩惠更勝於諸佛。

岡波巴大師的《解脫莊嚴寶論》中提到：「若菩薩摩訶薩欲得無上正等正覺，必先於善知識恭敬承事而依止之。」有追求、實修佛法的想法時，就要立刻尋找上師、善知識。爲什麼呢？因爲沒有上師、善知識的開示，自己會不知道怎麼做才正確，也不知該如何克服毛病、過失，因此必須依靠上師、善知識來學習。

佛經提到：「若無划槳之船夫，此船不能至彼岸；圓滿一切諸功德，亦若無師不解脫。」一般而言，要渡脫大海必須靠船。如果有一艘非常好的船，可是卻沒有搖船的槳，這艘船要怎麼動呢？不能動！所以有了船卻沒有槳，是沒用的。同樣的，不管自己有多少功德、努力，若不依止上師、善知識，肯定不能渡脫輪迴苦海，無法解脫成佛。因此，對實修者而言，對上師、善知識要有強烈的信心和恭敬心，要守護誓言，努力實修上師所開示的教法，並將上師、善知識看得比自己的性命還重要。

尤其是依止善知識的階段，爲了讓我們所實修的法能夠得到法的加持力，一定要將上師當成眞眞實實的佛來修持，把上師的一切行爲視爲是好的、良善的，並保持這樣的清淨心。要對上師所說的話抱持信心和恭敬心，視爲是上師的教導，是值得信賴的。爲什麼要這麼做呢？這麼做絕不是對上師、善知識的迷信或自己愚笨；而是因爲我們在佛法的實修上會得到佛陀的加持。爲了求實修能夠徹底究竟，有必要對上師有信心、恭敬心和清淨心。從以往前輩、聖者、大成就者的事蹟中，如馬爾巴大師、密勒日巴尊者、岡波巴大師、如意寶晉美彭措法王等，都是如此地依止善知識的，所以我們也應當具備信心、恭敬心、純淨心來依止善知識。

巴楚仁波切也曾經說過：「對上師有強烈的信心，把上師確實當成是佛，就會得到佛陀的加持；若視上師僅僅是個凡夫，就只能得到凡夫的加持。」就上師、善知識而言，有時候他的證悟也許就是佛，也許只是凡夫俗子，也有可能是已經進入悟道的菩薩，任何情況都有可能。不過，最重要的是自己——自己的信心、恭敬心到達什麼程度，所擁有的加持就到達什麼程度。因此，我們應當了解上師、善知識是非常重要的。

止貢久巴仁波切曾經提到：「上師四身雪山上，敬信之日若未升，不降加持之水流，故當勤修敬信心。」意思是：上師具足法、報、化、自性四身的性質，若用一個比喻來形容，就猶如雪山一般，而弟子的信心、恭敬心、清淨心就像是太陽，一旦弟子沒有信心和恭敬心，就得不到加持的力量。加持就好像融化的雪水，如果雪山上沒有太陽的照射，雪又怎能融化成水呢？如果弟子沒有具備信心和恭敬心去依止上師，又如何能夠得到加持呢？所以，我們應該針對信心、恭敬心努力去實修，這是非常重要的，這在《大手印五支道》中也有提到。

近善友增功德

首先，我們必須依止善知識，然後要有信心、恭敬心和清淨心，依照上師的開示如理、努力地做實修。相反地，如果把自己當作是一個獵人，把上師當成一隻鹿，將教法當成是我們想得到的麝香，如此去依止上師便是顛倒、錯亂的依止，想要得到佛法的利益和加持是非常困難的。就像獵人和麝香的比喻，有些人依止上師、善知識時會這麼想：把自己當成獵人，把上師當成一隻鹿，鹿的肚子裡有珍貴的麝香，獵人靠近這隻鹿的目的是爲了殺死這隻鹿，以便取走麝香並賣了以得到利益，這樣一來，靠近鹿的目的是因爲信心和恭敬心嗎？不是的！獵人之所以重視鹿，目的只是爲了從中獲得財富。有些人依止上師、善知識也是抱持這樣的想法：他們對上師沒有信心和恭敬心，純粹只是爲了個人的錢財、名聲、地位、財富等世間八風而來學習佛法，根本不會去管那些誓言，更不會恭敬地對待上師，這樣的方式是完全顚倒、錯亂，是不應該的，一定要捨棄。我們必須把上師、善知識看得非常珍貴，甚至比自己的身體、性命還重要，這樣才是正確的依止，而且是前輩聖者菩薩所做的方式，我們也應當效法、學習。

依止上師、善知識之後，我們對他要非常地愛護、珍惜；同樣的，對於益友也應當如此——依止好的朋友，便要重視、珍惜他們。爲什麼呢？因爲一位益友必定具備很多優點、好處，我們若能跟隨他學習，慢慢地，自己的內心也會產生很多功德、優點。就像前面提到的比喻一樣，如果一個東西本身是臭的或者沒有味道，一旦和有香氣的東西放在一起，慢慢地就會感染到香味。如果自己沒有什麼功德、優點，品性也不是非常好，就可以因爲長久和好的朋友相伴，自然而然地改正內心的過失、缺點，並產生好的功德。有一個比喻是這樣的：把一個沒有味道的普通木頭放在檀香森林中，因爲檀香樹非常香，普通木頭在檀香林待久了之後，自然也會散發出檀香芬芳的氣味。一樣的道理，如果我們依止善友，內心的功德也會慢慢產生。

總之，益友是對聞、思、修精進、努力，慈心、悲心非常強烈的人，經常與他相處，慢慢地，自己在聞、思、修上便會更加努力，慈心、悲心也會增強，功德便由此而產生。不僅在佛法上如此，世俗的事情也是這樣。世俗之人若和好的朋友在一起，便能從益友身上學習到許多優點、技巧、能力。譬如一個人的行爲中規中矩，品性、行爲也很端正，如果經常和他在一起，慢慢地也會影響自己朝正面的方向發展。一個善良的人，壞人在他面前是無法停留太久的。親近一個善良的人，自然會學習到他良好的品性；如果沒有爲他所感化，自然就會離開，不會長久地跟他在一起，這一點從社會上的例子就可知道。有一句俗話是這麼說的：「一隻飛鳥住在金山裡，牠的羽毛本來是白色的，久而久之，羽毛看起來也會金光燦爛，好像黃金一樣閃閃發亮。」因爲飛鳥已經住在黃金山很久了，所以羽毛也會金光燦爛。如果和一個品性端正的人長久在一起，也會逐漸受到影響而產生好的功德。所以，一定要長久依止良師益友，同時依止的方式要正確無誤，這是非常重要的。

皈依三寶

頌七

自身仍陷輪迴獄，世間神祇能護誰？
應依殊勝無虛者，皈依三寶佛子行。

這段話的意思是：世間的守護神，例如大梵天及許多的天神、龍神、夜叉等，並不能救度我們脫離輪迴的監獄。爲什麼呢？因爲他們自己也在輪迴的監獄中，受到諸如鐵索、手銬、腳鐐一樣的業力、煩惱所纏綁，又如何能救度我們脫離輪迴的監獄呢？這些世俗的天神可以救度世俗的一些小事，也可以救度我們脫離某些困難。譬如我們生了一場病，向醫生求助，醫生能不能幫助我們？當然可以。醫生診斷了我們的病，給我們吃藥，病當然就好了。雖然醫生可以幫助我們脫離疾病的痛苦，但是能不能救我們脫離輪迴的苦海和煩惱的疾病呢？當然不可能。所以，世間的天神以及世俗的權勢、地位、名氣、財富的擁有者，或許可以幫助我們脫離俗世的困難，卻沒有能力幫助我們脫離輪迴的痛苦。輪迴痛苦的泉源是業力和煩惱，要救助我們脫離這些，他們是辦不到的。然而，究竟誰才能夠救度我們脫離輪迴的痛苦呢？能夠使我們脫離輪迴、獲致涅槃，將任何一種恐懼、害怕完全止息的，就是三寶。三寶是絲毫不虛假的救度者，皈依三寶、祈求三寶救度即是菩薩的實修。

皈依的類型

皈依的類型可以分成兩種：世間的皈依和出世間的皈依。

前面所提到的世俗的天神，如大梵天、帝釋天、龍神等等，或是世俗具有權勢地位的人，我向他求救，請他保護我，當然能幫我度過一些難關和痛苦，這是世間的皈依。

出世間的皈依是皈依三寶，因爲三寶可以救度我們脫離輪迴的痛苦。

出世間的皈依也可分成兩種類型：小乘的皈依和大乘的皈依，兩者之間有很大的差別。

時間的差別

小乘的皈依就時間上來講是到何時？盡我活命之際恆常皈依三寶，是在活著的時候皈依三寶。

大乘的時間就不是如此。我們都說自己是大乘的實修者，大乘的皈依是在成就佛果之前都恆常皈依三寶。

內心動機的差別

例如小乘聲聞、獨覺的內心，是以自己要脫離一切痛苦的想法來皈依三寶，而對三寶產生信心。

大乘並不是如此，大乘是要使所有眾生都脫離痛苦而皈依三寶。

皈依對境的差別

一般而言，皈依的對境是三寶，這是大乘、小乘兩者無別的；但是皈依對境的三寶是什麼？大乘、小乘就有差別了。為什麼？有什麼不同呢？例如，就導師佛寶這個部分來看：

小乘聲聞皈依佛的心意，但是沒有皈依佛的身體。為什麼？因為佛的身體不是佛，是義成太子，就是淨飯國王的太子。其次，因為他的身體是苦諦，是輪迴的身體，所以不是皈依的對象。

但是大乘皈依的時候，不僅是皈依佛的心意，佛的身體，包括法身和色身，全部都是皈依的對象。

皈依的方式

皈依佛寶是把祂當成道路的指示者，以這個想法來皈依；把法寶當成脫離痛苦的道路，是脫離痛苦、得到解脫的方法，如此來皈依；把僧寶當成在解脫道上幫助我們的朋友，如此來皈依三寶。

皈依的意義

「皈依」這個詞的意義是：對於我在輪迴中的一切痛苦、恐懼、害怕，他是救度者、保護者，是我的友軍、幫助者。如果承認這一點的話，自己就要許下一個誓言：承認他是幫助我、救度我脫離一切輪迴痛苦、懼怕者。若能做到這個承認、允諾、誓言，就稱爲「皈依」。

皈依的學處

皈依之後有三個要注意的地方。

要避免的事情

・皈依了佛寶之後，不再皈依外道世俗的天神。

・皈依了法寶之後，一定要滅除傷害衆生的想法。

・皈依了僧寶之後，不再對外道邪惡的朋友頂禮或經常相伴在一起。要注意不能相陪伴的意思不是說不和他來往，而是指不能學習他的行爲。

應該要做到的行為

・皈依了佛寶之後，對佛像、佛的照片，甚至是佛像的碎片，應當產生這就是眞眞實實的佛的信心，也就是對於佛像應當要恭敬、有信心、頂禮、供養在乾淨的地方。

・皈依了法寶之後，對法寶所依存的地方，也就是佛經典籍，要有信心和恭敬心，當作眞實的法寶來恭敬、頂禮、供養。如果看到佛經文字的斷簡殘編掉在地上，要撿起來放在乾淨的地方，不可以跨過去而弄髒了，並對法寶有信心、恭敬心、頂禮、供養。尤其是皈依三寶之後，更應當謹愼小心，把佛經典籍當成是法寶，自內心產生信賴、恭敬。

佛經典籍是很重要的，因爲佛陀所講說的教法，至今已流傳超過兩千七、八百年了，靠的就是佛經典籍。如果沒有佛經，佛法絕對不可能保存到現在。而且佛陀在佛經典籍中講說了善惡取捨的要點及解脫成佛的方法，其關鍵和要點就在裡面，如果沒有這些典籍，我們就沒有機會看到，也就無法學習了。

有些人把佛像、佛經、佛塔看得非常重要，充滿著信心和恭敬心，這是非常好的。因爲依於佛像也好，佛塔也好，我們才能夠積聚廣大的福報，經常想到佛身、語、意三門的功德，並且學習，這是非常好的。然而有些人對於能讓我們解脫、成就佛果的方法，也就是法寶的重視程度，就遠遠不及對佛像、佛塔的恭敬了。實際上，在佛身、語、意的依靠處三者中，就屬佛經最爲重要。所以大家：「應該要常看佛經典籍。」釋迦牟尼佛要圓寂時，阿難等聲聞弟子再三請求佛陀不要進入涅槃之中，佛陀說：「阿難，你內心不要難過！到了五濁惡世的末法時代，我會化成文字的形象，到時候只要看到佛經文字，就會看到我。」因爲善惡取捨的要點、解脫成佛的要點及佛陀所講的話就在佛經裡，所以看佛經與看到佛是一樣的，這是佛陀曾經開示過的，因此經書典籍非常重要。

無論如何一定要重視佛經典籍。大家都習慣把佛像、佛塔當成是最重要的，因此放在最上面，卻把佛經典籍隨便亂丟，這樣就不對了。西藏有句俗話說：「佛語之上莫置佛身。」佛身就是佛像，佛語就是經書，在經書上面不要放置佛像，不過在佛像上面卻可以放置經書。

・皈依了僧寶之後，對僧寶、出家僧眾等等要有信心和恭敬心。不過，現在這個五濁惡世的時代，出家人有各種品類，有的品性行爲很好，有的則很差，導致某些人看到品性行爲不好的出家人時，就認爲佛法不好，若有這種想法就大錯特錯了！

就對方而言，不論其品性好或是不好，就算我不相信他，也不想供養他，這都沒關係，但是絕對不要批評、毀謗。雖然對方品性不好，但總是一位出家人，穿著佛的法衣，如果惡劣地批評他的話，自己也會因爲毀謗而累積嚴重的罪業。而且有時候雖然我們看到對方的缺點，但有可能是自己弄錯了。爲什麼？有可能是自己有缺點或看法不正確，在這種情況下，也許對方根本沒有犯錯，可是我們卻認爲他是錯的，因而做了很多的批評和毀謗，這種情況也是經常發生的。

隨順學處

在一些殊勝的吉祥日供養三寶，這也很重要。自己不論走到何處，經常憶念三寶也是附帶要學習的部分。其次，自己好好地皈依，也勸別人皈依、依止善知識，這些都包括在皈依的學習中。

下士的道次第——脫離惡道，進入善道的方法

頌八　諸極難忍惡趣苦，世尊說為惡業果，
縱須捨命為代價，亦不造罪佛子行。

正式發菩提心包括發起世俗諦菩提心和勝義諦菩提心。如果要按照道次第的順序來開示，有下士的道次第、中士的道次第、上士的道次第。

頌文中提到異熟果報是指難以忍受的各種痛苦，例如三惡道的痛苦——地獄道有八冷、八熱之苦；餓鬼道有饑餓、乾渴之苦；畜生道將因愚笨而勞累的工作。有各式各樣的痛苦，而且痛苦的程度令人難以忍受，可是這一切痛苦是沒有原因而產生、由不相隨順的因而產生的嗎？當然不是的！痛苦產生的原因，是由和它相隨順的不善業、罪業而來。在三惡道所遇到的一切痛苦，都是由以前所累積的不善業、罪業而產生，這是佛陀在佛經中開示過的。因此，即使要捨棄自己的生命，也不可造作這些罪業，這是菩薩經常在實踐的。

一般來講，一切事物一定是由和它相隨順的因而產生。萬法不可能是沒有原因而產生，一定是由和法相隨順、屬於自己不共的因而產生，會由與它相隨順的能生之因產生相隨順的果，而不會由不相隨順的因來產生果。譬如稻米，米是已經成熟

的果，一定有產生的原因存在，這原因一定是與米相隨順的，而不會是由與米不相隨順的因而產生米。原因可分為相隨順和不相隨順的因，果不可能由不相隨順的因產生，一定是由相隨順的因產生。稻米是果，原因是從什麼而來？是由米的種子而來，不可能由其他果樹的種子產生稻米，這就是隨順的因。因此，萬法都是依於緣起互相對待而產生，絕不可能沒有緣故就產生，或是由不同種類的因產生，因與果一定是相同種類。既然萬法由因產生，那一定是緣起的——由各種因緣條件融合而產生，所以痛苦也好，快樂也好，都是果報。

會產生果報一定有其原因存在。好好地想一想：投生在地獄道要承受地獄的痛苦，這個痛苦不會無緣無故地產生，一定有原因。原因是什麼？是不善業。所以，龍樹菩薩在《中觀寶鬘論》中提到：「由貪、瞋、癡等，而作不善業，因此墮惡趣，及感諸果報。」貪、瞋、癡引發不善業，不善業的果報就是痛苦。這裡所提到的痛苦就是三惡道的痛苦，而三惡道的痛苦從何而來？是從貪、瞋、癡所引發的不善業、罪業而來。

或許有些人有這樣的想法：「地獄道真的存在嗎？我們的眼睛又看不到！」這種疑問確實存在，因為地獄是看不到的。雖然如此，我們仍可以利用推理來證明地獄的存在。我們只要好好地想一想：如果在世界上造作非常嚴重的罪業，會不會有果報？應當會！因為萬法一定有其原因存在，有了因，就會有果，這一點我們看世俗的事情就知道。如果造作了一些因，果一定會出現。承認這點，假設這輩子累積許多嚴重的罪業，這些罪業應當有其果報，而且會帶來極大的痛苦，這個痛苦是什麼？就是地獄道、餓鬼道。

舉一個例子：如果某人以一個普通的謊話欺騙別人，儘管動機並不惡劣，但謊言被拆穿後，果報馬上出現——別人將因而不相信他，並且會輕視他，而他每每聽到別人視他為騙子、壞人，也會不快樂，這就是果報，就是痛苦。無法被別人尊重和信任，就是痛苦。這痛苦從何而來？就是由他之前小小的妄語罪業而來。

或者有人這輩子偷、騙、搶，所遭遇的痛苦果報就是被抓起來關到監獄裡。他必須承受一些痛苦，而這些痛苦就是由自己所做的罪業而產生。想一想以下這個情況：假設造了一個嚴重的罪業，因果成熟後的果報一定非常嚴重。如同前面舉的例子：一個小小的罪業會成熟為痛苦的果報，如果是大的罪業，所成熟的痛苦不是更強烈嗎？一定是的！由此可以推理：地獄道、餓鬼道的痛苦必定存在。

我們如果說謊，就會面紅耳赤，覺得慚愧，內心不快樂，充滿罪惡感，覺得別人不信任我，這種痛苦的感覺就是果報，是之前說謊騙人的不善業所導致的果報。所以，三惡道的痛苦一定是我們現在以嚴重的貪、瞋、癡為動機，然後累積了強烈的不善業，將來果報成熟後，就變成了三惡道的痛苦。

其次，地獄的存在也可以由佛陀的教言推理得知。因為佛陀是一切智者，如實無誤地了知萬法，具有五種佛眼，對於萬法毫無遺漏，而且佛陀是眞語者、實語者、不妄語者，從來不會說謊，因此佛陀在佛經中開示有地獄存在，我們就可以相信確實有地獄存在。佛陀歷經百千劫的時間完全斷除了妄語，已經得到眞實語的成就，所說的話是完全眞實、徹底究竟的。現在就算是世間的人類，也有人可以看到地獄，由此可知，地獄眞的存在。

如果地獄是存在的，那麼地獄會無緣無故產生嗎？當然不會，一定是依於不善的罪業而產生。投生在三惡道會受到各種痛苦，而投生在三惡道的因就是這些罪業，所以了解到罪業會產生痛苦，就要知道：即使必須面臨死亡，也不要造作罪業。

這裡要講的是如理如法地知道業力因果的取捨，是下士道的實修法。但是有人又這麼想：「下士道的實修和我有什麼關係？下士道的人去做就好了，我是大乘行者，所以不必做。」並不是這樣的！這裡共通下士道的實修就是大乘、小乘都要共同去做的。

中士的道次第——脫離輪迴，進入解脫的方法

頌九　三界樂如草頭露，均屬剎那壞滅法，
不變無上解脫道，奮起希求佛子行。

這裡提到：「三有安樂如同草頭露。」「三有」有好幾種說法：首先是指地下、地上和天上；龍的世界、天的世界、人的世界也稱爲「三有」；比較廣泛的說法是把「三有」解釋爲「三界」：欲界、色界、無色界。所有在三界裡有所漏失的快樂，是不是恆常存在、堅定穩固的呢？完全不是的。一切的安樂是無常的、剎那消失變化的，如同草尖上消失的露水一樣。草尖的露水並非經常存在，而是剎那就蒸發、消失不見。在三有的輪迴世界中，有所漏失的快樂也像這樣，立刻就毀壞、變化、消失無蹤。實際上，不僅三惡道的痛苦是苦的，即使是善道，即天道、人道的快樂，其本質也是苦的。因此，三界中安樂的本質仍是屬於痛苦，是剎那在改變的。所以無論如何，一定要有出離三界的想法，然後就要去追求永恆的安樂——永遠不變的、解脫成佛的安樂。

要好好地思惟：三界中的安樂是剎那變化、不斷地消失變化的安樂，只是一個小小的安樂，其本質仍是痛苦的。但是有一個永恆不變的安樂存在——解脫成佛的

安樂，是永遠不會改變、永恆的安樂，其本質也是安樂，並且是廣大的安樂。我們追求佛法是爲了得到安樂，那麼這兩種安樂中，我們應該選擇哪一種呢？一個聰慧的人在好好地想想、分析之後，一定是捨棄小的安樂而追求大的、不變的安樂。但是一個無知的人，就會將痛苦執著爲快樂，於是因小失大，選擇小的、有所漏失的快樂，這就好像直接往火坑裡跳，將來還是會面對極大的痛苦。

佛陀曾經在佛經裡說過：「輪迴針之尖端上，任何時亦無安樂。」三有輪迴像針尖般，不論何時，快樂都不會存在。三界輪迴如坐針氈，無論身體如何移動都是痛苦，因爲輪迴的性質就是痛苦，所以不論投生在輪迴的哪一個地方，都不可能超出痛苦之外。在輪迴中的衆生就是六道衆生，其中三惡道的衆生所受到的是「苦苦」，我們有時也會遇到苦苦。如果是在天道或人道，所受到的就是「壞苦」。壞苦是指有短暫的快樂出現，不過這種暫時的快樂馬上會變成痛苦，因爲它會改變，所以稱爲「壞苦」。除了壞苦之外，我們偶爾也會面臨苦苦。舉例而言，一個人早上很順利，內心也很快樂，身體健康，生意興隆，運氣非常好，但是到了下午就生病了，很痛苦，生意也破產了，這就是壞苦。我們經常必須面臨壞苦：早上還很好，下午就衰事連連；今天還很健康快樂，明天就生病痛苦；今年也許一切還好，明年就破產了，這就是壞苦。

不僅如此，從地獄衆生到無色界衆生，三界六道裡的所有衆生都在行苦之中，所以不管我們由任何一個層面去分析，輪迴只有痛苦，絲毫沒有快樂，因爲輪迴的性質就是痛苦，不會改變，就像火的性質就是熱，所以手碰到火就會燒起來。熱是火的性質，而輪迴的性質就是痛苦，只要投生在輪迴中，不管處在什麼地方，不可避免的就只有痛苦。我們對輪迴的痛苦要有所認識，對三界的安樂不要貪戀和執著，而要有脫離的想法，進而追求脫離輪迴，這就是出離心。

一般來講，大家都不喜歡痛苦，但是痛苦卻有一個優點：如果對痛苦有所了解，就會生起難過、憂慮之心，然後就會有脫離痛苦的想法——出離心；一旦有出離心，就會熱切追求解脫；熱切追求解脫之後，就會努力實修解脫的道路；精進努力去實踐解脫的道路之後，就會得到解脫、成就佛果。爲什麼呢？這是從痛苦而來。因爲認識、了解痛苦，所以得到解脫、成就佛果，這是痛苦唯一的好處。

文殊怙主薩迦班智達曾經說過：「愚者首先求樂果；智者首先求樂因。」我們看一看世俗之人：世俗之人不會思考，只會追求安樂，不會想到五年、十年或老了之後該怎麼辦，只重視眼前的快樂，從不會有長期的計畫。快樂從何而來？愚笨者從不會去思惟和計畫，現在世俗之人也是這樣。凡夫只注重這輩子的享樂，卻從不去追求下輩子的享樂，所以稱爲「愚笨者」。愚笨者只追求現在的快樂，雖然會得到一點點現在的快樂果報，但是將來不會有，因爲他沒有累積將來快樂的因，所以他首先追求的是快樂的果。愚笨者重視快樂的果報，可是得到快樂的方式是什麼卻不重視，也不去累積這個方法，所以將來就得不到快樂。

愚笨者首先追求快樂的果；有智慧者首先追求快樂的因。所以，智慧善巧者會善加思考，而不會只注重眼前的快樂。就世俗的事情來說，智慧善巧者會想到未來長期的快樂是什麼，而不會只專注於眼前的享樂，他思惟：「如果將來想得到廣大的快樂，那麼現在應該種什麼因呢？我要用什麼方法來累積，使我將來可得到廣大的快樂呢？」智慧善巧者不會注重這輩子的快樂，而會想著：「我下輩子、再下輩子要解脫、得到成就佛果的快樂，要得到永久究竟的快樂。」不會把眼光放在這輩子的快樂，因此會努力追求正法、實修求解脫，所以能夠不斷地進步，這就是智慧善巧者的方式。但是就愚笨者而言，他只會追求、享用眼前的快樂，而不會計畫未來的快樂，並累積快樂的因，所以享用完快樂之後，就會愈來愈退步。就智慧善巧者來講，應當追求解脫的快樂，不要注重眼前的快樂，這是智慧善巧者的實修，也就是「不變無上解脫道，奮起希求佛子行」的意思，這是中士道的實修方式。

這樣的例子其實很多：一個愚笨者爲了追求眼前的快樂而偷、搶、詐騙、殺害別人，或者製造毒品、假酒等等，無論是自己去做或是叫別人去做，用這些方式得到錢財，未來一定要承受痛苦，而不會有任何快樂。世俗的事情也是如此，智慧善巧者爲了得到快樂，會好好讀書，花很多心力使自己身、語、意三門的行爲都很善良，經常幫助別人，用心盡力的做事情。因爲這種善良的心，所以快樂會不斷增加，而不會減少。這樣子的人，這輩子的名聞利養都會得到，財富和別人對他的恭敬心也會不斷地增長。反觀愚笨者為了追求眼前的快樂而累積很多罪業，因此下輩子會墮生到三惡道，還會遭遇許多痛苦，並不斷地墮落，如此要進步是很困難的。有智慧者則以各種善心去做諸多善業，也不會執著於這輩子的快樂，並且做了許多實修，使下輩子能投生到天、人善道，不斷地進步，將來還可以成就佛果。

3 ‧ 自他交換的修行

＊上士的道次第——為利眾生，誓得佛果

＊世俗諦菩提心的實修方式

上士的道次第——為利眾生，誓得佛果

上士的道次第是爲了其他衆生的利益而誓願獲得佛陀果位的方法。在上士道的實修方面，首先是在動機上產生菩提心，其次是行爲菩提心的實修，也就是正式說明菩提心與發心之後的學處這兩部分。首先講在動機上要產生善心、菩提心，如以下頌文所說的：

頌十　無始劫來慈憫恩，諸母若苦我何樂？
為度無邊有情故，發菩提心佛子行。

頌文的內容提到：從輪迴到現在，對我們有廣大恩惠的父母衆生仍在輪迴苦海中受苦，那麼我獨自追求如聲聞、獨覺一樣的解脫快樂，或是如凡夫俗子般追求世界上的快樂，有什麼用處嗎？這種快樂有必要嗎？實在沒有必要！聲聞、獨覺這種解脫的快樂有用處嗎？完全沒有！所以，要捨棄自私自利想得到安樂、解脫的想法，然後必須幫助遍滿虛空的輪迴衆生，讓他們脫離輪迴的痛苦大海，得到無上正等正覺的圓滿佛果，也就是產生菩提心。

其次，發心的定義是什麼？如何解釋發菩提心？發菩提心的解釋是：「發心爲利

他，求正等菩提。」發心的意思是：「爲了利益遍滿虛空的衆生，所以我要追求、成就圓滿佛果。」這種想法稱爲「願菩提心」。

該如何發起菩提心呢？我們要按照《入菩薩行論》所提到的：「如昔諸善逝，先發菩提心；復次循序住，菩薩諸學處。如是爲利生，我發菩提心；復於諸學處，次第勤修學。」正如往昔的諸如來、菩薩，如何爲了利益衆生而產生菩提心？如何安住在菩薩的學處中來學習？我也如此爲了衆生的利益而產生菩提心，努力學習菩薩的學處，要以這個方式來發起菩提心。

我們經常提到某某菩薩，因而把「菩薩」當成是非常重要的，然而「菩薩」是什麼意思呢？就是前面提到的：發起菩提心、具有善良的心、擁有菩提心者，就稱爲「菩薩」。《入菩薩行論》提到：「繫於輪迴苦有情，若生刹那菩提心，得名諸佛善逝子，世間人天應禮敬。」產生菩提心的那一刹那，即使他是輪迴中弱小的衆生，也會得到菩薩的名稱，受到天人的禮敬供養。這個頌文是說：即使我們是在輪迴中受到業力、煩惱束縛、壓迫的衆生，如果內心能在一刹那間產生菩提心，其名稱在產生菩提心的那一刹那就會改變——改稱爲「菩薩」；利益也會改變，因爲他已經擁有菩提心。因此，由於他擁有菩提心，就能受到天人的恭敬頂禮，所以了解菩提心是非常重要的。自、他二利能圓滿是由何而來？是由菩提心而來，所以發起菩提心是菩薩的行持。

我們是進入大乘的學習者，熱切追求成就佛果並利益廣大眾生，就這樣的一個人來講，在動機上便要產生菩提心。如果還沒有菩提心，就要產生菩提心；已經產生了，不可使它衰損；沒有衰損，還要讓它不斷地增廣。大家要努力學習這個方法。

世俗諦菩提心的實修方式

上座修行：自他交換

在法座的講授中，正確地學習佛法以及實修是最重要的，來聽法的人有多少則根本不重要。以前的前輩、聖者對只要是有緣的弟子，就算只有一位、兩位，也會對他講說教法，所以重點並不在於弟子人數的多少。巴楚仁波切的上師是晉美賈維紐沽。巴楚仁波切居住在康區札曲卡，但是晉美賈維紐沽卻住在另一個遙遠的地方，爲了利益巴楚仁波切這個弟子，他就來到札曲卡。對講說教法者而言，講說、開示教法的目的是爲了讓大家了解教法講說的內容，然後正確的實修，打從內心產生功效，並進一步得到解脫。

正式觀修菩提心分成兩個段落：觀修世俗諦菩提心和觀修勝義諦菩提心。觀修世俗諦菩提心又分成兩個段落：上座（等持）階段以及下座（後得）階段。上座階段修自他交換，下座階段是轉惡緣爲菩提道。首先討論上座階段。

頌十一

諸苦源於貪己樂，諸佛生於利他心，
故於自樂與他苦，如實修換佛子行。

無餘的一切痛苦是因追求安樂而產生。我們這輩子和下輩子都會有很多痛苦，而痛苦的原因是不善業和煩惱。一切痛苦的來源是什麼呢？是從愛我執之心而來。痛苦的原因是造惡及不善業。不善業的原因是煩惱，以煩惱爲動機所做出來的事情就是不善業，而這一切的來源便是愛我執。分析煩惱，確實是從我執，特別是愛我執而來。舉例而言：貪戀的煩惱是如何產生的呢？是從愛我執所產生。爲什麼？譬如我們看到一個外在美好的對境後，就會想要擁有，這樣的想法稱爲「貪心」。貪心是怎麼形成的？看到一個外在美好的對境時，內心有一個我執存在；所謂「我執」，就是「我要得到安樂」、「我要享樂」、「我要美好」等的執著心，有了我執存在，才會想到「我要得到它，得到後就會快樂」，這個就是貪戀之心。首先內心有愛我執存在，接著追求利益，想得到它，最後形成貪心。假設內心的愛我執並不存在，沒有自私自利想得到安樂的想法，當看到美麗的對境時，也就不會產生想得到的想法了。內心要得到安樂，以及愛我執的想法有多強烈，貪戀之心就有多強烈；相反地，如果內心想要得到安樂、追求安樂的想法愈來愈少，愛我執愈來愈少，則貪戀之心也就愈來愈薄弱。

瞋恨的形成也是同樣的道理。瞋恨是指看到一個不悅意、不好的對境就想要排斥、離開。所謂「不好的對境」是指我認爲他會傷害我、會迫害我的對境。所以由前面的分析可以知道：因爲內心有一個我要得到快樂的想法，有一個愛我執的想法，憤怒才會由此而生。如果沒有我要得到快樂、愛我執的想法，就算對方傷害我、迫害我，內心也不會生氣，就不會產生憤怒。爲什麼？因爲內心沒有想得到安樂的想法。

愚癡、無明也是相同的道理。因爲自己要得到安樂、有愛我執，才會形成愚癡。假設內心沒有追求安樂的想法、沒有愛我執的話，對於對方的狀態就不會愚昧無知，不知如何取捨好壞。原因何在？當我們內心追求安樂、愛我執的力量非常強烈時，因爲內心被煩惱控制、牽引、遮蓋住了，以致無法清晰地分辨外在事物的好壞，以及如何正確地取捨善惡。

傲慢之心的形成也是這樣。當內心追求個人的快樂、愛我執的力量非常強大時，總會想著：「我要比他更強！要勝過他！要高他一等！」於是產生了傲慢心。假設我們內心根本沒有愛我執、追求安樂的想法，又怎麼會有想要勝過別人的想法呢？

嫉妒之心也是相同的道理。我們在思惟對方的外貌、財富、權勢、地位、學問等特色之後，生起了比較的心態，希望對方的條件比我愈差愈好，最好什麼都沒有，這種想法稱爲「嫉妒之心」。對於對方好的條件，內心沒有喜悅，反而不快樂，甚至想加以破壞，這就是「嫉妒之心」。嫉妒之心由何而來？由於我追求自己的快樂，同時有我執、愛我執，這三者的力量非常強大，因此當看到對方優秀的條件後，內心就不快樂，覺得一定要勝過他才行，甚至想去迫害他、傷害他，嫉妒之心就生起了。假設內心根本沒有追求自己安樂的想法，也沒有我執、愛我執，當我想到對方的外貌、身分、地位、權勢、財富時，會不會不高興呢？會不會產生想要迫害他的想法呢？會不會希望他沒有這麼優秀的條件呢？這些想法根本不會產生。

惡業由愛我執而生

由前面提到一切煩惱都是由我執、愛我執而產生，對於從煩惱產生的不善業，也就可以了解到：不善業是由愛我執而產生的。舉例而言：由於我們內心有追求快樂、愛我執的想法，就會造成殺生、偷盜、邪淫等不善業。爲什麼一個人會去偷別人的錢財、物品呢？因爲他看到別人的錢財、物品時，內心產生一個想法：「我要得到快樂，如果我擁有這些錢財、物品，就會非常快樂。」這便是強烈的追求自我的快樂、愛我執的想法。

殺生也是如此。爲什麼會殺害對方呢？因爲對方先傷害了我。當我受到傷害時，因爲內心想得到快樂，所以要把傷害我的來源除掉。至於傷害的來源是什麼？是從仇人而來，所以我要殺死對方，殺生的業就由此而生了。

語言的不善業也是相同的道理。仔細分析一下：語言的不善業從何而來？語言的不善業仍是從追求自己的快樂，從我執、愛我執而產生。首先自己會有一個愛我執、追求個人安樂的想法，爲了達到這個目的，我就說謊欺騙別人，或者搬弄是非、兩舌，或者罵不好聽的話，這就是惡口；或者是以煩惱之心聊天、無所事事地說些沒意義的話，這便是綺語。綺語、妄語、兩舌、惡口等，便是語言的不善業。爲什麼會做這些不善業呢？因爲煩惱的緣故。煩惱的根本泉源在於我執，也就是追求個人的安樂，於是就講述了妄語、綺語、兩舌、惡口等語言的不善業。

內心的三種不善業——貪心、瞋心、邪見，也是依於追求個人的安樂及愛我執而形成。首先分析一下：貪心從何而來？如何認定貪心？貪心是見到對方良善的功德、條件時，心裡想著：「如果我擁有這些良善的功德、條件，而他卻沒有的話，該有多好！」這便是貪心。貪心的想法是從前面提到的追求個人快樂、我執、愛我執而來。假設我們追求個人快樂、我執、愛我執的想法非常薄弱，那麼當看到別人非常有錢、有權勢、有地位、受到重用、外貌美麗時，就不會產生「希望我能擁有這些美好的條件，而他最好什麼都沒有」的想法，因爲沒有追求個人安樂的想法，貪戀之心就無從產生了。

同樣的，傷害之心就是想去迫害、傷害對方的想法，其源頭仍是想追求個人的快樂、重視自己、愛我執。因爲我要得到快樂，我是最重要的，我希望得到他的財富、地位，便以傷害對方的方式來得到自己想要的快樂。所以，傷害對方的想法是來自於愛我執。

邪見之心是不相信業力因果，不相信善有善報、惡有惡報，是由我執而來。依於我執所造成的衆多煩惱，使我們造作了很多不善業、惡業，這些惡業、不善業的力量很強，封閉、遮障了我們的內心，導致我們無法產生正見，不相信業力因果。至於煩惱從何而來？就像前面所講的，是由愛我執、追求個人的快樂而來，所以，我執、愛我執、追求自己的快樂就會引生邪見。

一切不善業的泉源就是我執、愛我執、追求自己的快樂。前面舉的是十不善業的例子，除此之外，還有許多惡業其實也都是由愛我執而來。我們可以試著分析一下：首先，這輩子我們所面臨的內心痛苦是從何而生？皆是從我執、愛我執及追求個人的快樂而來。因爲有愛我執而產生煩惱，然後因爲煩惱的干擾而造成很多不快樂、痛苦、憂慮，所以如果沒有愛我執的話，內心根本不會有痛苦。

其次就外在而言，我們身體所遇到的一切痛苦也是由我執、愛我執及追求個人安樂而來。仔細分析一下：不可避免的，身體會有許多病痛，如同前面分析的，這些病痛是因爲內心不快樂，導致強烈的煩惱和痛苦，因而引發身體的不舒服，再慢慢地累積成疾病。因爲我們過去生愛我執的力量很強大，造作了許多不善業，如今這些不善業成熟，形成了果報，就是此生要承受的痛苦，而痛苦就變成身體上的疾病，所以疾病是上輩子不善業的果報。我們此生所遇到的生、老、病、死四大苦，皆是由自己的我執、愛我執及追求個人安樂的想法所產生。

佛法能解社會關鍵問題

如果我們內心的我執、愛我執、追求快樂的想法非常薄弱，就算生病了，也不會感受到太大的痛苦。我們可以看到有些人實修的功夫很好，即使得到非常嚴重的病，內心也不會有強烈的痛苦，這便是一個我執很淡的徵兆。反過來看，有些人只是一點小感冒、一點破皮或傷口，就覺得痛得不得了，這正是因爲其內心我執、追求快樂的想法非常強烈，以致稍微遇到一點小小的傷害、不順利的外緣，就會感覺非常痛苦。

無著賢菩薩曾經說過：「生病也很好，因爲這是清淨罪障的方式。」就我執很淡的人來講，生病是非常好的，因爲生病這個惡緣能夠淨除上輩子的罪障。疾病是以前惡業成熟的果報，生病就表示去除了這些惡業和罪障，這當然是非常好的。譬如我們做頂禮、實修、修懺罪法，不正是要清淨罪障嗎？一樣的道理，因爲生病能夠迅速淨除自己的罪障，所以我執、愛我執很淡的人會覺得生病是很好的，這樣就可以快速得到解脫、成就佛果、獲得究竟的安樂。對一個好的實修者而言，生病是一個順緣、善緣和成就佛果的方法。

以上是從個人的角度來看，這輩子自己會遇到的痛苦，不管是內心的或身體上的，都是由愛我執而來；如果從外在環境來看，確實也是如此。國家會陷入戰爭，社會則充滿了瞋恨、傷害、鬥爭、仇殺，都是從我執、愛我執及追求個人快樂而來，就形成了社會的暴戾之氣。夫妻爲什麼會反目成仇？爲什麼會吵架？因爲彼此之間我執、愛我執、追求個人快樂的想法太強烈的緣故，認爲「自己的快樂最重要，我的事情比較重要」，將追求個人的快樂列爲最高目標，只要對方沒有順自己的意思，就開始爭吵了。

我們可以運用佛法來分析社會的問題在哪裡？現在的社會中，小偷、強盜猖獗，吵架、紛爭、砍砍殺殺的事件愈來愈多，這些都是惡劣的行爲，然而爲什麼會這樣呢？因爲現在的人的我執、愛我執及追求個人快樂的想法愈來愈強烈，外在環境的色、聲、香、味、觸等五妙欲的對境愈來愈多，一再刺激人們的內心，使他們想著：「我要追求快樂，如果能夠得到快樂，該多好啊！」於是當他們追求快樂、我執、愛我執的想法愈來愈強烈時，因爲重視個人的享樂，就會爲了達到目的而不擇手段，所以社會上小偷、強盜、惡劣的行爲就會層出不窮。

很多國家花了很多經費來編列預算以制定法律，律師人數不斷增加，不停地擴建監獄，犯人愈來愈多，但是有沒有達到預期的效果呢？沒有！而且社會的不良風氣甚至愈來愈盛行。這是因為沒有找到關鍵要點，不知道是因為人們內心的強烈煩惱——我執、愛我執、追求個人快樂的想法非常強烈，才導致惡劣的品性與行為。如果沒有針對這一點來改善，社會上為非作惡的狀況不僅無法改善，反而會更加嚴重。

前面講的是這輩子的痛苦，其實下輩子所要遇到的痛苦仍是由愛我執而來。例如在三惡道中，地獄道有地獄道的痛苦，餓鬼道有餓鬼道的痛苦，畜生道有畜生道的痛苦，因為我們內心的我執、愛我執、追求個人快樂的想法非常強烈，為了達到目標而不擇手段，於是造作、累積了許多不善業，這些不善業的果報成熟之後，將來就會墮入三惡道。

一切快樂由利他而來

那麼，圓滿佛陀是從何而來呢？我們所遇到的五欲痛苦從自私自利而來，圓滿佛陀則是從利他之心所產生。凡夫的痛苦的另一面，就是我們此生的快樂、下輩子的快樂、暫時的快樂與永久的快樂。一切快樂是由利他之心而來。因為我執、愛我執、自私自利的想法非常淡薄，利他之心卻非常強烈，因此會得到快樂。首先就內在心靈的快樂而言，如果我們減弱內心我執、愛我執、自私自利的想法，並增強利他的意念，就會引發內心的快樂。一旦我們擁有利他的想法，例如充滿慈心、悲心、菩提心，煩惱和妄念就會逐漸減少，同時追求個人的快樂、自私自利、我執、愛我執的煩惱、分別和妄念的力量也會變得薄弱，內心快樂、幸福、安適的感覺自然就會出現。

如果一個人的內心處於寧靜、祥和、幸福、美滿的情境中，身體也會非常健康。或者我們可以看一下：得到美名或別人的稱讚、尊敬、重視，都會令人覺得快樂，這些都是由利他之心而來。譬如我們會稱讚對方是一個好人，是因爲他擁有強烈的利他之心，內心很平靜，不僅不會傷害別人，還會盡力幫助其他衆生，大家都很喜歡他、稱讚他，對他非常恭敬，他也因此而感到快樂。由此可知，這些世間的快樂都是從利他之心而來。

有些人喜歡對方，是因爲他有好的外在條件，例如外表很美麗或聲音很好聽。不過根據前面的分析，請好好地想一想：一個人會受到大家喜歡，並不是因爲他的外在條件。爲什麼呢？假設我們稱讚某人是個好人，是不是因爲他的外表美麗或聲音好聽呢？不是的。是因爲這個人心地善良、經常幫助別人，我們才會說他是好人而喜歡他、稱讚他。有一種情況是：某人擁有外在的美貌，但心地卻很邪惡，行爲惡劣，我們會不會說他是個好人？當然不會！好人或壞人並不是由外在的美貌來決定，而是取決於內心是否善良、品性行爲是否端正而定。所以就算一個人很美麗，只要品德不好，大家也不會喜歡他、尊敬他。如果還有人欣賞他，那麼喜歡他的人本身品德、行爲一定也不好，沒有分析、觀察和判斷的能力。

有一位馬來西亞的弟子打電話問我一個問題：他在一家公司工作，可是大家都不喜歡他，同事之間相處得不太愉快，問我可以修什麼法來改善這種情形？我回答他：「你必須先培養善良的心，再以善心利他，經常幫助別人，這樣會比較好一點。如果大家都不喜歡我、討厭我，可能是因爲自己的品德、行爲有過失，所以我們應該發自內心來檢討、反省，並改正這些問題，這樣才能夠改善自己和別人的關係。」如果每個人都得到他的幫助，怎麼可能會不喜歡他呢？所以只要改正自己不好的習性，再以利他之心幫助別人，就可以贏得別人的尊敬和歡迎。我告訴他：「利用這個方式，比修任何的法或儀軌還要有助益，修法、修儀軌可能還困難得多。」

西藏人有個習慣，台灣人可能也有這樣的習慣：我們形容某人像鬼怪一樣，並不是因爲他長得醜陋或是面目猙獰，而是指這個人的品性不好、行爲不端、做壞事，所以形容這個人簡直是個魔鬼。大家並不會因爲某人長得不好看就說他是魔鬼，而是指他的品性、行爲不好。那麼，爲什麼我們會說這個人像神仙一樣呢？並不是因爲他長得美麗，而是因爲他有一顆善良的心，經常幫助別人，所以大家才會形容他簡直像天神一樣。因此，好人是指品德善良、行爲良好、樂於幫助別人、有利他之心的人，大家喜歡他的這些特質，看到他就很高興。

達賴喇嘛說過一段耐人尋味的話，好好地分析，會發現他講的非常有道理。他說他到世界各地去，每個人都很喜歡他，對他的來訪感到很高興，自然而然地就信任他。為什麼會這樣呢？達賴喇嘛說：「原因就在我有顆善良之心、菩提心、利他心，非常努力地實修善心，不論到世界各國或任何地方，都致力於幫助對方，因此每個人看到我，自然心生喜悅和快樂，而且相信我、喜歡我。」大家是因為達賴喇嘛擁有權勢，或是家財萬貫，或是帶著千軍萬馬、有很多軍隊，還是因為他長得好看而喜歡他嗎？都不是！正如達賴喇嘛自己所說的，因為他重視善良、利他之心，所做的都是利益別人的事情，因此世界各國的人民才會喜愛他。達賴喇嘛不論到世界哪一個國家，每個地方的群眾都很尊敬、喜歡並相信他。這並不是因為達賴喇嘛有什麼神通幻化，可以變出魔術，而是因為他心地良善，所做的都是利他的行為。就是這麼單純，僅僅只是這個原因，所以世界各國的人民都喜歡他。

自樂他苦相交換

下輩子的安樂、投生在善道、人道與解脫、成就佛果，這些都是從利他之心、利益眾生的事業、善良之心而來；至於這輩子暫時的安樂，如長壽、無病、財富、受用等，又從何而來呢？是從善良的利他之心、利他的行為而來。因為心地善良，所做的都是積極利他的事情，例如布施、持守戒律，或是被別人傷害時能夠安忍下來，不要以牙還牙地去傷害對方，這樣就會得到許多快樂。例如由於安忍，使得外貌更加美麗；由於持戒，可以投生到善道；因爲利他而得到財富、受用、權勢、地位等，這些眼前的安樂都是依於利他之心、利他的行爲而來。相反的，小偷、強盜只想到讓自己得到快樂和財富，所以就傷害他人、偷、搶、騙來獲得這些，然而他們眞的因此得到快樂嗎？不可能！如果一個人沒有善良的心，缺乏利他的行爲，所有的追求只是爲求自己的快樂而累積不善業，則不論什麼時候都不可能得到眞正的快樂！所以，這裡的頌文提到：「諸佛生於利他心」，佛陀是從利他心而產生，聲聞、獨覺的羅漢與菩薩的安樂、圓滿佛果，這一切也都是由善良的心而產生，並引發善良的行爲，因此才會得到眞實的安樂。

《入中論》中有這樣的句子：「聲聞中佛能王生，諸佛復從菩薩生，大悲心與無二慧，菩提心是佛子因。」聲聞中佛由能王而產生，能王由何而來？由菩薩而來。菩薩由何而來？悲心、不二智和菩提心是成爲菩薩的原因。「中佛」就是獨覺，「能王」是佛，聲聞和獨覺是從佛而產生的，爲什麼呢？因爲佛開示了四聖諦、十二緣起的教法，弟子聽聞四聖諦、十二緣起的教法之後實修，於是得到聲聞、獨覺羅漢的果位，所以，聲聞和中佛都是由能王而產生。佛又從何而來呢？佛從菩薩而來，由菩薩而形成佛。爲什麼呢？首先是有一個人去拜見菩薩，從菩薩這裡學習菩提心，再努力積聚資糧、清除罪障，最後成就佛果；這是第一個原因。第二個原因是首先有一個人發起菩提心，之後變成一位菩薩，再精進地實修，積聚資糧、清淨罪障，修到徹底究竟之後就得到佛果。所以這尊佛從何而來？佛前面的階段是菩薩，因爲菩薩階段的修持而成就佛果。就這兩個原因來講，佛是由菩薩而來。菩薩又是從何而來的呢？是由悲心、菩提心而來，因爲產生菩提心，才會稱爲「菩薩」。總而言之，一切成就的「母親」、根本，皆是由悲心、慈心、菩提心而來。

第三和第四句頌文：「故於自樂與他苦，如實修換佛子行」，意思是說：應該把我的快樂和衆生的痛苦交換，這就是菩薩行。

《入菩薩行論》中提到：「若於自樂及他苦，不能互換正修行，豈唯正覺不能成，輪迴中亦無安樂。」如果不能將我的安樂與他人的痛苦相互交換、如實做實修的話，不但不能成就佛果，還要在輪迴中受無量無邊的痛苦。自他交換就是把自己的快樂和對方的痛苦對換過來。這個偈子是說：如果不能好好地修自他交換的實修，不僅不會成就佛果，還會遭遇很多痛苦。由於沒有修自他交換，因此愛自己的心仍然非常強烈，便會有捨棄別人來成就自己快樂的想法。其次，因爲缺乏捨己爲他的想法，所以犧牲自我地奉獻並幫助別人的想法，根本就不會產生。由於愛我執的心、追求個人快樂的心很強烈，所以會產生很多痛苦的果報，這輩子將無法得到快樂。因此，一定要慢慢減少愛我執、重視自己要得到快樂的想法，同時增強照顧別人、希望別人快樂的想法。但是我們都沒有這種習慣，該怎麼辦呢？就是要做菩提心自他交換的實修。只要好好地修自他交換的菩提心，愛我執的心一定會逐漸減少，這輩子的痛苦、下輩子的痛苦、煩惱、不善業也會愈來愈少；同樣的，如果重視別人、照顧別人、利他的想法愈來愈強烈，也就是當愛他執愈來愈強烈時，就會得到此生的快樂，而下輩子暫時的快樂也會愈來愈多。

有一個故事是大家都熟悉的：竹巴袞列是西藏的大成就者，有一天，他到拉薩拜見大昭寺，當他看到大昭寺裡面的覺沃佛像時，剎那間回憶起過去他與釋迦牟尼佛曾經是同一個家庭的兄弟，於是立刻頂禮釋迦牟尼佛，然後說：「昔時我與汝相同，汝因利他成佛果，我由自利轉輪迴，我因此而頂禮汝。」在古代，我和你是一樣的，那時我不需要向你頂禮，你也不需要向我頂禮，因爲我們是同一個家庭的兄弟。可是後來你生起了利他之心，不斷地實修，成就了佛果；而我卻因爲自私自利地追求自己的快樂，愛我執很強烈，所以至今仍在輪迴中流轉。現在你是佛，我是凡夫，所以我應該向你頂禮。

有一個釋迦牟尼佛最早修自他交換菩提心，之後成就佛果的事蹟：佛陀很久以前便發起菩提心，投生在拖車地獄，和另一個地獄衆生拖行一輛沉重的車子，他們一邊拖著，牛頭馬面就在身旁鞭打，當時釋迦牟尼佛心想：「拖這麼重的車子已經非常辛苦了，還得承受被牛頭馬面打的痛苦，如果這些苦能由我一人來承受就好了，讓旁邊的朋友休息吧！」於是他跟旁邊的人說：「你休息一下，把繩子給我。」當他獨自一人拖著車子時，牛頭馬面出現了，非常生氣地告訴他：「衆生的業都是自作自受的，別人不能代受，所以不能讓他休息而你自己一個人拖車！」說完，牛頭馬面便憤怒地拿著鐵鍾往釋迦牟尼佛的頭敲了下去，釋迦牟尼佛因而馬上死掉。他死掉後，離開地獄，投生在天界。這是釋迦牟尼佛在拖車地獄第一次發起菩提心的故事。

究竟安樂的捷徑

所以，自他交換的實修非常重要，而且力量極爲強大，大家一定要當成是實修中最徹底、究竟的部分，在自他交換的菩提心方面好好地精進努力，一定有很好的用處。不僅如此，如果我們好好地修自他交換，也會清淨、去除罪業、蓋障，並且積聚廣大的資糧，靠這個方式去除阻礙。例如當我們遇到魔鬼、邪祟的干擾時，就可以修自他交換來觀修善良的菩提心，感動邪魔、鬼怪，不再製造任何阻礙，同時生起善良的心。另外在治癒疾病方面，修自他交換也非常有幫助。

如果好好地實修自他交換，不僅內心會快樂，別人也會高興，事情都能順利完成。譬如辦公室裡有一個同事跟大家都處得不好，每個人都很討厭他。爲什麼會有這種情況呢？這表示他一定很自私，只注重自己的利益而不替別人著想。因爲他的我執、愛我執、自私自利的想法很強烈，所以不論到社會哪個角落，都沒有人會喜歡他，也沒有辦法和大家和睦相處。

一個人如果能好好地修自他交換、利益別人，所到之處一定會人見人愛，和大家和睦相處。原因是他具有利他的想法，會重視別人的痛苦、快樂，總是捨棄自己以利益其他衆生、幫助別人。所以，如果希望自己不論到什麼地方都能受到大家的喜愛、和睦相處、不發生紛爭，就要好好地修自他交換。

《入菩薩行論》中有一段話說：「總之何需費唇舌，童蒙唯求自利益，能仁唯是利衆生，二者差別且觀此。」意思是：在《入菩薩行論》中講了那麼多，又何必再多費唇舌呢？不懂事的孩子，內心只知追求自私自利，佛陀則是純粹在利益衆生。凡夫俗子和佛陀的差別是這麼明顯，何必再多做講解呢？凡夫只追求個人利益，我執、愛我執、自私自利的想法非常嚴重，當這種想法到了徹底、究竟的時候，結果就是投生到地獄；次等嚴重的就是投生到鬼道；再其次是畜生道、人道。即使投生在人道，如果愛我執的想法非常強烈，不去關照別人的話，在人道中也會遭遇最艱困的環境。

如果不斷減少愛我執，並增強愛他執到徹底、究竟的時候，成效就是成就佛果，得到永久究竟的快樂。程度稍微低一點的是聖者菩薩的果位，再低一點的是凡夫階段的菩薩，或者是投生在佛國的淨土。即使我們的實修還沒有到達這個境界，如果能夠好好修自他交換，在人類的世界中也算是一個好人。因此，應當把自己的快樂施予衆生，而將衆生的痛苦汲取過來，實修自他交換，這才是佛子的行儀。自他交換是菩薩佛子實修的方式，因爲我們都要追求佛果，更應該努力學習菩薩的行爲。

我們所聽聞的教法，是一切諸佛菩薩的究竟實修之處，一切諸佛菩薩的行持要領都在《佛子行三十七頌》裡。前面說了上座（等持）階段作世俗諦菩提心的實修，接下來講下座階段——轉惡緣爲菩提道。

4・

轉惡緣爲菩提道

* 財物被搶奪時的修持法
* 被傷害時的修持法
* 被批評時的修持法
* 被人揭發隱私時的修持法
* 被恩將仇報時的修持法
* 被輕視時的修持法
* 窮困、得病、遭魔障時的修持法
* 得到美名、尊敬、財富時的修持法
* 生氣時的修持法
* 貪心時的修持法

財物被搶奪時的修持法

頌十二　縱他因貪親盜取，或令旁人奪我財，
猶將身財三時善，迴向於彼佛子行。

這個頌文的意思是：某人由於強烈的貪戀、執著而來搶奪我的財富，不管是他自己來搶奪，或是命令、鼓動別人來搶奪，總之，我都不應該生氣，並且應當將身體、財富、受用的物品與三時所累積的善根迴向給這個搶奪者，這就是佛子行。

對方可能因爲某些因素而來奪取我的財富，我對他不但不可以生氣，還要迴向、發願、祝福他。對於我的財富、享用的物品、衣服、工作、食物等，不管他是直接來奪取，或是製造各種阻礙與傷害，我對這個傷害者、奪取者都不應生氣、憤怒。爲什麼呢？因爲自己的錢財、物品被他奪走了，一定是因爲上輩子或上上輩子與他有錢財、物品方面的糾紛，所以他成爲我的冤親債主，這輩子才會發生這種事情。所以，當我們遇到這種惡緣時，不要憤怒，反而要好好地祝福、迴向、發願於他，希望他一切順利，這樣一來，我們的冤親惡業就算是清淨了。

其次是當別人搶奪或偷盜我們的財物時，即使我們對此生氣、憤怒也毫無幫助，對清淨這個惡緣沒有助益，所以我們應該想辦法將這個惡緣轉變爲善緣。除此之外，

我的錢財已經喪失、丟掉了，不能改變，如果再加上生氣、憤怒的惡業，反而對自己造成更大的傷害。因此當遇到這種惡緣時，生氣和憤怒是不應該的。

此時，我們如果能利用這個逆緣將自己的身體、受用、物品與三時累積的善根迴向給對方，反而會變成自己在廣行布施與積聚資糧上的推動力量。總之，當我們遭遇這種惡緣時，內心不應該在逆緣的情況下產生煩惱，並受到煩惱的控制，應當運用各種方便善巧來改變，將自己的身體、受用的物品及善根迴向給他，這才是我們應當作的菩薩行。

有些人對錢財、物品的貪戀和執著之心非常強烈，只要稍微不順利，或是被小偷、強盜拿走了，或者自己遺失了，就暴跳如雷。因爲內心憤怒，反而給自己製造了更多痛苦。仔細思惟一下：這種方法對自己有沒有任何好處？沒有！除了造成自己身體的不舒服、內心的煩惱愈來愈粗重、不快樂，甚至痛苦之外，已經丟失的錢財或物品並無法因爲憤怒而失而復得。所以，大家應該把錢財、物品被搶奪的情況變成修道的助伴及方法。

被傷害時的修持法

頌十三　我雖無有何罪過，竟有人欲斷吾頭，
然以悲心於諸罪，自身代受佛子行。

這個頌文主要是在講轉惡緣爲菩提道的實修。當我們冤家路窄遇到了敵人時，該怎麼將此事轉變爲菩提道呢？「我雖無有何罪過，竟有人欲斷吾頭」是指我並沒有想要傷害對方的過失，不過對方卻來迫害我，例如仇敵可能要砍斷我的頭，殺死我，或者打、罵、迫害我等。在這種情況下，我不應當生氣。那麼，在遇到這些逆緣時，我們應當怎麼做呢？面對冤家路窄的仇敵時，他對我們造成了很多傷害，這時我們要修安忍，不要生氣、憤怒，而且要知道：當對方迫害我們時，他自己已經受到無明、煩惱的控制，不知道自己正處於憤怒中，還去傷害別人，造作了許多不善業。因爲經常在憤怒中，所以他的身、心都不快樂，甚至累積了許多惡業，這是非常可憐的。佛子菩薩要對這個仇敵觀修悲心，覺得他在煩惱的控制之下非常可憐；不僅如此，還希望他所造的煩惱、惡業全部成熟在自己身上，希望他不要受到任何痛苦。

如果我們能夠這樣做，對逐漸去除我們所將遇到的傷害，會有很大的幫助。爲

什麼呢？因為當仇敵來傷害我、不讓我稱心如意時，我就非常生氣，跟他打架，也去傷害他。這麼做，就佛法來討論：在《入菩薩行論》中已經提過了：「如瞋恨之罪業無。」除了憤怒之外，沒有其他的罪業了——最嚴重的罪業就是憤怒。所以我們要了解：如果我非常憤怒、跟他打架，就佛法來說，我也累積了很嚴重的罪業。其次從世俗方面來看：憤怒、打架是一種低等的行為，會被人家視為是品行不良、不端正的壞人。所以要想一想：遇到逆緣時，我們不該運用憤怒、生氣、打罵的方式來解決。實際上，用報復的方式根本不可能消滅敵人，因為憤怒、生氣之下的行為，是一個惡業，既然造了惡業，將來惡業成熟時，我必定還會受到傷害，所以以牙還牙的報復方式，不僅不可能去除傷害，還會不斷累積傷害。其次，當我報復、回擊了對方之後，他也會進行下一步的計畫來迫害我，於是又製造了另一個傷害。《入菩薩行論》中提到：「悖逆有情等虛空，何能一一皆折伏？但能摧自忿恚心，一切怨敵皆調伏。」想用憤怒的方式消滅外在的敵人，是很困難的！就是這個道理。

但是當對方傷害我們時，我們不去報復，反而對他修安忍心、觀修悲心的話，對方會覺得不好意思，便不會再傷害我們了，藉此也會淨除他的憤怒。

《入菩薩行論》中也提到：「如安忍之苦行無。」在修難行、苦行中，沒有比安忍更大的苦行了。對方打我、罵我、傷害我時，自己會因為修安忍而累積很大的福報。其次，我又對對方觀修悲心，因此又得到了修悲心的功德和利益。悲心之後，再加上苦樂的收跟放——我收攝了他將來痛苦的成熟果報，並把我的快樂布施給他，於是在收跟放的實修中，自己又累積了廣大的福報。不僅如此，照前面所說的來實修，世俗之人看到我們的善行後，會認爲我們是良善的人；因爲我們的心胸開闊，遇到這種事，絲毫不計仇恨；其次，我們的內心非常精進，不會因爲受到一點逆緣或挫折就慌亂不安；再來，我們非常聰明，遇到事情時，能耐心地思惟，不會忙亂慌張、立刻以牙還牙地報復，因此我們是高雅、心胸開闊之人，所以人家會來稱讚我們，如此的功德會非常廣大。

所以當我們遇到仇敵時，不要立刻以報復的方式去傷害他，這是沒有益處的。首先，自己不要憤怒，要先修安忍，「如安忍之苦行無」，因爲修安忍時，自己會累積廣大的功德、福報。接著再觀修悲心，也能得到許多的功德、利益。然後再進行苦樂的收與放，同樣也會累積廣大的資糧。以上種種方式皆可以將惡緣轉化成菩提道上的實修。

當我們內心這樣實修時，對初機實修者是否有幫助就很重要了！因爲對我們來說，頌文中「竟有人欲斷吾頭」的這種逆緣是非常嚴重的，我們大概很難做到安忍。一開始實修時，可以從小小的逆緣，例如對方打我、罵我等這些小處著手來做到安忍，打好一個根基，好好地運用聰明、智慧想一想，這樣做對實修非常有幫助。

被批評時的修持法

頌十四　縱人百般中傷我，醜聞謠傳遍三千，
吾猶深懷悲憫心，讚嘆他德佛子行。

我們該如何將不好聽的話轉爲菩提道呢？此偈頌是指：某位衆生講了很多例如身體、外貌、學問、能力等方面不好聽的話來批評我、攻擊我，並且百般宣傳，這些宣傳的語言好像傳遍了三千大千世界一樣。當別人以不好聽的語言來攻擊我時，不要立刻生氣、暴跳如雷，應當希望這個惡言惡語者不要受到煩惱的驅使而飽受痛苦的折磨，自內心生起希望他的痛苦和煩惱能除去的慈心與悲心。除了觀修慈心、悲心並關懷對方之外，還要進一步讚揚他的許多優點。

從實修方面來討論，我們應該把這些不好聽的語言當作空谷回音，不是實體，沒有自性存在，如同阿底峽尊者曾經說過的：「聽到不好聽的話，應當將它當作好像是空谷回音，不是眞的存在。」當對方口出惡言、怒罵我的時候，我還要稱讚他的功德。因爲以前我對他累積了惡業，現在惡業的果報成熟了，他才會來辱罵我。如果我修安忍、稱讚對方的功德，不帶有任何憤怒，便能清淨過去我跟他所累積的惡業。由於我稱讚他的功德就是一種善業，所以所累積的善業、福報會比惡業更多。

其次，我們也應該將功德迴向給口出惡言的人，因為他常常告訴我們哪裡不對、有什麼過失，而這些過失本來就是我們要了解的事情，所以他等於是告訴我們什麼是對？什麼是錯？什麼可以做？什麼不可以做？我們經常提到：我們會把自己如同高山一樣的過失隱藏起來，卻把對方的過失看得像整座山一樣大。這是說如果自己的過失很大、很多，埋藏在心裡就看不到了，好像沒有一樣。一般來說，我們無法看到自身的缺點，現在別人的批評指出了我們的過失，讓我們有機會改正、淨除。因此若不是對方指出我們的過失，我們無論如何也不會發現，就這一點來看，他對我們有很大的恩惠！他的批評、毀謗就好像開示實修的口訣一樣，透過他的指導而把我們的毛病、缺點去除掉，就好像我們的上師一般。因此，我們對他的毀謗不能憤怒、生氣，應該存有感激之心，並且稱讚他的功德。

針對這一點，許多上師也說過：「看別人用眼睛，看自己用鏡子。」人的眼睛很奇特，一睜開眼看到的是別人，而不是自己；也就是說，我們很容易就可以看到別人的過失，卻常常漠視自己的缺失。因此，想要看到自己的毛病，就要用鏡子。同樣的，我們也經常用手指頭指著別人，卻忘了自己也要好好反省、檢討。如果經常用鏡子看看自己，手指頭指向自己，反省、檢討自己的過失，則自身的缺失就會日益減少，功德也會不斷增進。如果只會檢討別人的過失，對改正自己的缺點是沒有幫助的。若想不斷減少自己的毛病，並加強優點，就應當時時自我反省，準備一個鏡子。這裡提到：「看自己要用鏡子」，指的就是批評、毀謗我的人。因爲受到他的批評、毀謗，我終於了解到自己的毛病跟缺點，這樣才有機會加以改正。

其次，《薩迦格言》中提到：「聖士觀察自過失，劣者觀察他過失；孔雀觀察自身體，鴟梟給人起惡兆。」賢者觀察自己的過失，愚鈍者觀察別人的過失；孔雀觀察自己的身體，貓頭鷹則給人不吉祥的徵兆。一個賢能的人會經常反省自己的過失，目的就是要藉此加以改正。所以必須先要認識自身的缺點，經常反省，才能進一步將缺點、毛病都改正過來。

愚笨者則是相反的做法，他們從不自我檢討，反而經常挑剔別人的缺點。愚笨者的想法不夠細膩，眼光也不夠遠大，經常只會看到別人的過失和毛病，這樣一來，內心往往會因而生氣、造就罪業，而且講述對方的過失與不好聽的話也是在累積罪業，除了不能讓對方得到利益，自己也無法獲益，導致自他都受到傷害。當我講別人哪裡不對時，在語言上已經累積了不善業；心裡又會生氣，也累積了不善業；然後對方聽到了也會不高興，又會跟我吵架，甚至引發紛爭。所以，經常想著別人的過失病，對自己一點幫助都沒有，只會使自他都造就罪業。

賢能者就像孔雀，留意身體的羽毛，謹慎地照顧，讓羽毛光彩奪目，大家都很喜歡去看牠；愚笨者就像貓頭鷹，叫的時候經常散發不好的徵兆，讓別人害怕。我們可以看到很多中心、辦公室、學校、自己的同事、同班同學等小團體中，有些人經常去稱讚別人、講別人的好話，這種人不管到了哪裡，內心都非常快樂，口出吉祥之言。一個人如果經常想著別人的優點，散發著祥瑞的氣氛，大家都會稱讚他是一個好人，無論到什麼地方都能帶給別人很好的祥瑞與運氣。但是有些人就不是這樣了，總是覺得這個不對、那個不好，內心只想著別人的毛病、缺點，不管走到哪裡都會帶給大家很多的紛爭、麻煩、不吉祥、倒楣。爲什麼呢？因爲他眼中只有別人的缺點，講的也都是這些，慢慢地便會凝聚成倒楣之氣，導致很多風波、紛爭與不吉祥，慢慢地造成災禍連連。所以，只要一個人內心經常想著好事，所到之處都會非常和睦，一團和氣。

因此，不管對方批評、毀謗我，講了許多不好聽的話，像傳遍三千大千世界一樣地流傳；或者對方只是說了我一點點的小毛病，並沒有加以擴大、宣傳，我們都應該想到：「一切衆生都是追求快樂的」，懷著希望他得到快樂的慈心去稱讚他的功德，這便是佛子菩薩的行爲。即使對方根本沒有毀謗或傷害我，菩薩平常的習慣就應當經常講述好聽的話，稱讚別人的優點，講述對方的功德，口出吉祥之言，這才是菩薩的行持。

被人揭發隱私時的修持法

頌十五 若人於眾集會中，揭我隱私出惡言，
猶視彼如善導師，恭敬致禮佛子行。

如何將惡口轉爲菩提道呢？這首偈頌指出：在很多人聚集的場合中，某人攻擊我，直接講出我的隱私，例如外貌、家庭、學問等，並故意揭發比較不好的部分，我們應該如何對此來做實修呢？

當遇到某人揭發我的隱私、講述不好聽的話時，不要把他當成仇敵而憤怒、生氣，反而要想一想：「他指出了我的過失，告訴我什麼應該做，什麼不應該做，因此，對於揭發隱私、口出惡言的這個人，我還要恭敬的對待他。」這才是菩薩的作爲。當對方在公眾場合指出我的毛病、缺點時，我要把他當作是一位聰明的朋友，因爲他在大眾中指出我的毛病，才讓我有機會加以改正，所以他的言行就像是在對我開示修行的口訣一樣。

阿底峽尊者曾經說過：「最勝口訣發隱私。」別人直接指出我的隱私、缺點、毛病、過失，就是讓我可以改正的最佳時機。因此，不管是在很多人聚集的場合，或者是在沒有其他人的場合，如果有人批評我，我都不該貿然地生氣，相反地，還應

該將這個批評者當作善知識、教導者——他教導了我什麼是對和錯，如何對善惡做取捨，繼而對他生起尊敬之心，把他當作善知識一樣。

《入菩薩行論》中提到：「如果我有缺點、毛病，若別人稱讚我，又有什麼好高興的呢？實際上我並沒有他所稱讚的能力。如果我沒有毛病、缺點，若他來貶損我，又有什麼好生氣的呢？因爲他所說的毛病和缺點，我根本就沒有，爲什麼要爲此生氣呢？」所以，如果我沒有毛病、缺點，當別人貶損我時，不需要生氣；如果他稱讚我的能力，我根本就沒有，又有什麼值得高興的呢？再進一步想想：人活在世界上，貶損和稱讚總是相互並存的，只要有人存在的地方，就會有稱讚，也一定會有貶損，所以不必因爲聽到稱讚就很高興，因爲貶損必定隨之而來；也不要因爲被貶損就生氣，因爲一定有其他人是很讚賞你的。貶損和稱讚總是隨時在改變，沒有固定的自性。

其次，對方會貶損我，是因爲他同樣是個世俗的凡夫，才會因爲我的過失而對我惡語相向，因此我不需要因爲對方的批評、毀謗，就覺得好像天要塌下來了一樣，內心痛苦、難過、灰心、沮喪不已。另外，凡夫的世俗習慣本來就會互相謾罵、攻詰，例如佛陀是個淨除過失、具足圓滿功德的聖者，但是在佛陀的時代，還是有很多人批評、毀謗佛陀。所以，凡夫的習慣就是這樣，如果連過失都已經去除掉、功德已經圓滿具足的佛陀都會遭受這麼多人的批評、毀謗，我們就更不用說了。我們也是一個凡夫，還有許多毛病、業力、煩惱，在這種情況下，別人批評、毀謗我們是非常有可能的，所以大可不必把此事看得太嚴重而暴跳如雷。

當敵人在大衆場合以惡言惡語揭發我的隱私、毛病、缺點時，他的內心還有一個想法，就是希望藉此來傷害我。如果我對他的惡言、毀謗、批評、辱罵絲毫不生氣，也不和他吵架，就表示我並沒有受到很大的傷害，也就不能如他所願。相反地，如果對方罵我、講不好聽的話、揭發我的隱私，我就暴躁發怒，和對方吵架、造成很大的紛爭，不就正好符合對方的計畫與目的！所以，當對方罵我時，反而要以慈心來觀修安忍、迴向、發願，希望一切罪業都因爲我的忍耐而清淨、去除，同時將對方造作的惡業、過失與自己的善根交換過來，如此地累積自己的福報，並用各式各樣的方法來轉變此惡緣爲菩提道，這就是菩薩實修的方式，我們也應該在轉變惡緣這方面好好地努力修持。

被恩將仇報時的修持法

頌十六　護養於他若己子，其反視我如仇敵，
　　　　仍似慈母憐病兒，倍加悲憫佛子行。

恩將仇報就是我對他有恩惠、百般照顧他，可是他卻用迫害的方式回報我。例如我對某位衆生視如己出，以慈心來養育他、照顧他、利益他，可是他竟把我當成仇敵一樣地傷害我。當佛子菩薩遇到這種因緣時，要如何來做實修呢？我們要把他當作是有嚴重疾病的小孩一樣，仍然耐心照顧他，這才是菩薩的行爲。譬如父母的幾個小孩中，如果有一個得到嚴重的疾病，父母當然會更加細心、更有愛心地去照顧他、關懷他，想盡辦法減輕他的痛苦，讓他更快樂。當別人對自己恩將仇報時，我們應該像父母照顧小孩一樣，加倍地用愛心、耐心，以慈心、悲心來照顧他，這才是菩薩的行爲。

噶當派的大格西曾經說過：「若恩將仇報，更於彼起悲。」所以，我們應當以悲心來對待恩將仇報的人，要以德報怨。那麼，我們該怎樣來觀修悲心呢？必須了解對方是凡夫俗子，仍舊受到業力、煩惱、無明的控制，行爲不正確，才會造作這些錯誤的罪業，實際上他是非常可憐的，因此我希望他能脫離煩惱與無知。要用這種方式來觀修悲心。

一般而言，菩提心的實修者在不斷利益對方時，必須捨棄希望對方將來要回報我、善待我的這種渴求回報的想法。否則萬一遇到一些意外、逆緣時，對方不見得會回報自己，甚至還可能恩將仇報，超出、違反了我們的預期，這時我們就會無法接受，內心會憤怒、痛苦，對他感到灰心、失望；相反的，倘若我們沒有奢求回報的期望，僅僅只是關愛他、照顧他、利益他，只是把這一切當作是菩提心的修持，而且照顧眾生也是應該做的，根本就沒有想過回報的問題，如此一來，就算他沒有回報我恩惠，我也不會沮喪、生氣。

被輕視時的修持法

頌十七

其若等同或低劣，心懷傲慢侮蔑我，
吾亦敬彼如上師，恆常頂戴佛子行。

遇到對方輕視我、貶損我時，我應當如何轉爲菩提道？如果有人的家族種姓、學問、外貌、錢財、地位等條件跟我旗鼓相當或是比我差，所以總是以煩惱心想盡辦法來輕視我、瞧不起我，遇到這種情況時，一位菩薩要如何做實修呢？這時我不僅不該生氣，還要對他如上師般恭敬。因爲對方被煩惱所控制，才會輕視我、貶損我，這時我應該欣喜、自願接受他的輕視、貶損，還要把他放在我的頭頂上，像對待上師一樣地恭敬他，這就是菩薩的行爲。

《入菩薩行論》中說：「若誰安樂諸佛即歡喜，誰遭損惱佛心生不悅，有情歡喜諸佛即歡喜，損惱有情即傷如來心。」眾人輕視、傷害我的時候，我應當爲了使世間怙主諸佛喜樂而對他觀修慈心、悲心。當有很多人聚在一起加害於我、打我、輕視我、貶損我時，我的內心不能因爲這個逆緣而勃然大怒、暴跳如雷。要想一想：爲了使佛陀、世間怙主喜悅，對於這些傷害，我的內心不能有絲毫動搖，要忍耐，同時對這些眾生觀修慈心、悲心。

一般來說，當別人輕視、侮辱我時，如果我因而感到生氣、灰心、沮喪、痛苦，也無法改善情況。既然如此，我就應當把他當作上師一樣地恭敬對待他。另外一種方法是：當對方輕視我、侮辱我、看不起我時，我不能憤怒、執著，反而要在此刺激下，激勵自己精進，讓自己的心力更堅強、更努力，期望將來能有像他一樣的學問、能力等，藉此提升所有的功德，這也是非常好的做法。

窮困、得病、遭魔障時的修持法

頌十八　縱因貧困受輕賤，復遭重病及魔障，
眾生罪苦己代受，無怯懦心佛子行。

當自己窮困潦倒時，要如何轉惡緣爲菩提道呢？這首偈頌是指：當我們欠缺衣服、食物、錢財時，受到別人的輕視，自己又得到一些例如肝、膽、內分泌方面的疾病，或是受到魔鬼邪術的干擾、傷害等種種逆緣時，該如何轉惡緣爲菩提道的實修呢？此時要想一想：「當各種痛苦接踵而至時，我的內心不能因此退縮，要承受一切衆生全部的痛苦罪業，並將自己的善業、快樂施予衆生。」我們要好好地實修收跟放的自他互換，在修菩提心方面也絲毫不怯懦、不退縮，要更加精進，這樣，內心就不會感受到強烈的痛苦了。

當我們生病、遇到魔障，或是因爲得不到外在的衣服、食物、錢財等而痛苦時，要了解這是以前的罪業、不善業要窮盡的徵兆，想一想：「不僅是自己現在正遇到痛苦的難關，還有很多衆生也一樣在承受痛苦，因此我希望能滅除他們的痛苦，祈求他們能得到快樂、好運。」趁這個機會，好好地修菩提心是非常重要的。

有一位菩薩曾說：「實修者生病也是好的，因爲這是清淨、去除罪障的徵兆。」

如果一個人做菩提心的實修，當生病時，他會覺得這個疾病的產生是好的，是清淨、去除以前罪業的徵兆。例如我們做大禮拜、頂禮、供養等善行，也是希望能淨除過往的罪業，而生病也是一種清淨我們罪業的方法，兩者是一樣的。因此當實修者遇到病痛時，就會轉爲一個實修的道路，認爲病痛淨除罪業的好方法，如此就是運用方法把逆緣轉爲菩提道的實修。就此而言，對於一個了解佛法的人，生病是非常好的。如果我們在病痛、逆緣出現時，能夠轉爲菩提道來實修，對清淨逆緣會有很大的幫助；不僅如此，由於把病痛轉爲菩提道的實修，我們的內心會比較不那麼痛苦，相對的，也就會減緩身體的痛苦。

有些人習慣小題大作，只要身體有一點點病痛，或是外在受到一點點的逆緣，內心就會生起強烈的痛苦。但是有些人則相反，即使得到嚴重的疾病，或是遇到很大的逆緣，內心只有些微的痛苦，也不會非常沮喪。爲什麼會有這兩者的差別？就是由於兩者內心的習慣所造成。《入菩薩行論》中提到：「有人見己血，反增其堅勇；有人見他血，驚慌復悶絕。」有些人身體受傷時反而勇氣百倍，有些人則因驚嚇而昏倒，這兩種人的差別就在於內心習慣的不同。有些人在戰場上被刀、劍、槍打到而流血時，反而愈挫愈勇地奮力向前；有些人則因此驚慌失措而害怕、昏倒——不要說是看到自己流血，有時只是看到別人流血就昏倒了。這就是內心養成的習慣與內心串習的力量不一樣。同樣的道理，有些人遭遇到重大挫折時會沉穩以對；但是有些人只是受到小小的傷害，內心就好像受到極大的打擊而驚慌失措，好像天塌下來了一樣，這也是因為內心的習慣和累積的習氣不一樣的關係。因此，當我們遇到逆緣、困境時，應當培養堅強的勇氣，更加精進、努力，這才是佛子行。

另外還有一種方式：當遇到逆緣時，先不要生氣、憤怒、沮喪，要了解痛苦是我所不喜歡的，所以要好好地分析一下痛苦的缺失：痛苦從何而來？我該怎麼消滅痛苦？痛苦的原因是什麼呢？是煩惱。煩惱又從何而來呢？是從我執而來。原來痛苦是由罪業而來，罪業從煩惱而來，而煩惱從我執而來，所以現在我應當想辦法淨除業力和煩惱。探求我執的對治法是什麼？煩惱的對治法是什麼？只要能在這方面好好地精進、努力，就能滅除痛苦。

或者還可以用另一種方式：當我們遇到很多痛苦、逆緣時，就想一想輪迴的過失，繼而產生出離之心；有了出離之心，就會熱切地追求解脫及成就佛果，在修行道上好好地努力。由此看來，痛苦雖然是不好的，會帶給我們很多傷害，可是從另一個角度來看，痛苦也會促使我們產生出離心，因而熱切追求解脫成佛，很多的功德也會由此而引發出來。

還有一個方法：我們常說悲心非常重要，特別是對一個大乘的實修者而言，但是要如何產生悲心呢？是自心緣取痛苦、思惟痛苦之後才能產生悲心。希望能消滅、去除對方痛苦的想法，就是悲心，所以悲心是依靠痛苦而產生，沒有痛苦，就不能產生悲心。將痛苦作爲實修的道路非常重要，特別是痛苦對我們有很大的幫助——能夠引發我們的悲心。當自己遭遇到痛苦時，要想一想：「其他衆生也會遇到很大的痛苦，如果他們的痛苦能夠去除的話，會多麼快樂啊！」如此一來，悲心就產生了。所以，悲心是從緣取痛苦而來。從這一點來看，痛苦具有很大的利益。

所以當痛苦、各種逆緣產生時，不但不要灰心、沮喪，反而應該當作是菩提道上實修的方法，要像前面所提到的一樣，用各種的方法改變成爲菩提道路上實修的幫助。如果能夠這樣做，惡緣也能轉爲善緣，變成快樂或優點。

一個不知道實修方法的人，當遇到痛苦、逆緣時，只能把痛苦、逆緣當成是痛苦及逆緣，而不能當成是別的東西，所以痛苦永遠是痛苦，逆緣永遠是逆緣。但是當一個了解要點、會實修的人遇到痛苦時，可以從前面講到的方法中掌握關鍵，這樣就可以轉變痛苦和逆緣。當然這並不容易做到，但是我們必須努力學習。在不斷學習之後，當遇到逆緣、困境時，就能把逆緣轉爲善緣，把痛苦轉爲快樂，把缺點轉爲優點，這樣就是菩薩的行爲，內心的功德也會慢慢增長。《入菩薩行論》中提到：「熟習不成易，此事絕非有。」勤學無難事，任何事只要努力去做，就會變得愈來愈容易。

得到美名、尊敬、財富時的修持法

頌十九　雖富盛名眾人敬，財寶等齊多聞天，
猶觀榮華無實義，離驕慢心佛子行。

此偈頌是說財富也能轉化為菩提道。前面所講的都是逆緣，接下來是遇到順緣時，佛子菩薩也能轉為菩提道。這裡提到：如果別人稱讚我，經常講好聽的話；或是在很多聚會的場合中，大家都對我很尊敬；或是我得到龐大財富，像多聞天子一樣，在這些情況下，佛子菩薩如何做佛子行呢？遇到順緣，得到美名、尊敬、財富時，佛子菩薩仍要做實修。我們要了解這些順緣並非恆常存在，而是變化無常的，一直在剎那間消失、更易，就像水面的泡泡和晨間的草頭露一樣，一剎那間就會消失無蹤。因此，對於財富、美名不應當驕傲自滿，也不應產生貪戀、執著，而要去除傲慢之心，這才是佛子行。

有些人得到一點點的財富、美名就驕傲自滿，對別人生起輕視之心，還會侮辱別人，這樣反而因為自己所得到的尊敬、財富、美名而導致造作許多罪業。就算財富、美名像天空這麼大，也不是經常存在，是無常的，隨時可能消失不見。如果我們已經有驕傲自滿的心，一旦財富、美名消失時，內心會非常痛苦，不能忍受。為

什麼呢？因爲沒有認知到財富、尊敬、美名等的眞實本質是無常的，以爲這些都會經常存在，於是產生強烈的貪戀、執著，等到有一天這些都消失了，自己將無法接受，便會產生強烈的痛苦、沮喪、失望、驚慌。

所以我們稍微遇到一點順境，例如得到財富、美名的時候，一定要了解這些都是無常的，隨時會改變、消失。因此當得到財富時，我們要供養三寶，布施給貧窮者，千萬不可有傲慢之心，這樣才是菩薩的行爲，是把順境轉爲菩提道的方式。

生氣時的修持法

頌二十　若未降除內瞋敵，外敵雖伏旋增盛，
故應速以慈悲軍，降伏自心佛子行。

這是將瞋恨轉爲道用。此頌文中提到：當遇到讓我非常憤怒的敵人時，要怎麼才能消滅他呢？其實不要想去消滅外面的仇人，而是要先消滅自己內心的瞋恨，因爲瞋恨才是我們眞正的敵人。我們要想一想：內心瞋恨的仇敵是從何而來？首先我有一個冤家路窄的仇敵，因爲他傷害了我，所以我很討厭他，一旦內心產生憤怒後，就會想消滅敵人。我們若好好分析，會發現首先應該消滅的是自己內心的憤怒。如果重點不放在消滅瞋恨這個頑固的敵人，而只想要消滅外在的敵人，那麼不管外在敵人消滅了多少，都只會愈來愈多，而不會減少。

《入菩薩行論》中說：「悖逆有情等虛空，何能一一皆折伏？但能摧自忿恚心，一切怨敵皆調伏。」頑劣的衆生遍滿虛空，想要一一消滅是不可能的；但是如果能夠滅除心中的憤怒，雖然消滅的敵人只有一個，卻等於消滅了所有的敵人。

一樣的道理，舉例來說，《入菩薩行論》中說：「欲持廣皮覆大地，爾許皮革何可得？但敷皮革襯富羅，大地無處不普覆。」如果想要在遍滿荊棘的大地蓋上整件

牛皮，怎麼可能做得到呢？但是如果用牛皮做成一雙皮鞋，穿在腳上走路，也就等於是蓋住整個荊棘大地了。所以，如果我們想要消滅外在的敵人，不如先想辦法消滅內心的仇敵。我們經常提到「敵人」，「敵人」究竟是什麼意思呢？就是讓我的內心非常憤怒的人！如果我絲毫沒有憤怒的話，那麼對方就不能算是我的仇敵了。因此就諸佛、菩薩來說，他們沒有敵人，原因正是他們沒有瞋恨之心。除此之外，如果從外在環境來看，即使是諸佛、菩薩，也有很多人會毀謗、批評、傷害祂們，可是這些人對佛或菩薩來說算不算是敵人呢？對佛、菩薩來說，他們只是朋友，是幫助自己成就菩提道、菩提果位的幫助者，正是依靠他們，自己才能修安忍，也才能轉惡緣爲菩提道。由於這些惡緣、痛苦對我們的迫害、傷殘，我們的安忍等各種功德才能不斷地進步，因此才能成就佛果。所以，這些批評、傷害者對佛、菩薩來說，只是助緣，而不是仇敵。因爲佛、菩薩的內心沒有瞋恨，所以沒有敵人。

那麼，要如何消滅瞋恨呢？要依靠慈心、悲心的軍隊。如果產生了慈心、悲心，就好像擁有百萬雄兵一樣，自然能夠消滅瞋恨，因此觀修慈心、悲心非常重要。一般來說，什麼是慈心？就是心中思惟、憐憫眾生，產生希望眾生獲得快樂的心。如果我再三地觀修慈心，生起強烈希望他人得到快樂的想法，對他人就不會產生憤怒，憤怒之心當然會不斷地減少。

如何對治憤怒呢？所謂「瞋恨」，是一種想要傷害對方的心，其反面就是利他之心，也就是希望他人得到快樂的想法。如果利他的想法非常強烈，相對的，傷害之心就會慢慢消失。一個是應斷除的行爲——傷害之心，一個是對治法——利他：如果應斷的力量很強，對治的力量就會變弱；如果對治的力量很強，則應斷的力量就會非常薄弱。

「悲心」是緣於衆生受到痛苦而產生希望他們能遠離痛苦的想法，也就是願衆生離開痛苦之心。佛教有所謂「得樂之慈，離苦之悲」的說法——希望衆生得到快樂就是慈心，希望衆生離開痛苦即是悲心。如果能夠不斷觀修慈心、悲心，使其力量愈來愈強，那麼以生氣爲主的煩惱自然就會減弱，甚至消失。

貪心時的修持法

頌二十一　三界欲樂如鹽水，渴求轉增無饜足，
　　　　　　於諸能生貪著物，即刻捨離佛子行。

這個偈頌是在講我們應該如何將貪念轉爲道用。前兩句的意思是：我們的內心對五妙欲的享樂，不管享用了多少都不滿足，貪戀之心可能會愈來愈強烈。舉例而言，海水是含有鹽巴的水，口渴時如果喝了有鹽巴的水，不僅不能止渴，反而會更加口渴。因此，色、聲、香、味、觸的享樂，不僅不能帶給我們眞實的快樂，反而會令我們不滿足，貪戀的心更加強烈。例如我們愈貪戀一個色法、美好的對境，便愈會去追求色法並享用這個對境，內心的煩惱、貪戀與執著就會愈來愈強烈。其他方面也是相同的道理，例如我們對聲音、氣味、滋味、觸覺等五妙欲會有需求，但在享用之後反而會增加煩惱，渴求之心更加強烈。既然如此，該如何滅除對五妙欲的貪戀、執著呢？這就是頌文中提到的：「於諸能生貪著物，即刻捨離佛子行。」對於色、聲、香、味、觸這些讓我們產生貪戀、執著的對境，在產生的那一刻便應該運用對治的法門立即消滅。

如果在貪戀、執著的對境一產生時沒有立刻淨除，反而放任它，就只會增加更

多的煩惱，一旦煩惱的力量增強之後，即使運用再多的對治法門也沒有用了。為什麼呢？因為煩惱的力量已經很強了，相對的，對治的力量就很薄弱，已經無法對抗強大的煩惱了。

內心因為執取色、聲、香、味、觸的對境，所以產生貪戀，當此煩惱慢慢增強後，會引發其他煩惱。例如，貪戀之心會引發瞋恨心、嫉妒心，連帶使得傲慢心也很強烈。因此當我們對五妙欲之境界產生貪戀心的煩惱時，要慢慢地把這些煩惱滅除，這點非常重要。雖然我們無法立刻消滅所有的貪心，但一定要逐漸減少它們的力量。要好好想一想：貪戀之心的過失是什麼？是應該斷除的嗎？對治的法門是什麼？為什麼運用對治法門比較好？當我們一一思惟這些問題時，也就逐漸削弱了貪戀心的強度。可是如果放任自己不去重視這些問題，煩惱便會隨著我們對五妙欲的享用而愈來愈強烈，進而引發嫉妒、瞋恨、傲慢等五毒煩惱，然後造作許多不善業，使得這輩子遇到很多痛苦，而且下一輩子還會遭遇更嚴厲的困難！所以當貪戀之心生起時，應當覺知到這是不好的，必須慢慢減少，這樣才是菩薩的行為。

當貪戀生起時，如果能夠運用對治的法門予以削弱，而且內心對治力量很強的話，貪戀之心就不會對自己造成太大傷害。這種情況就是我們已經從煩惱中解脫，不再受到煩惱的控制，擁有自主的能力了。相反的，如果沒有善加分析以辨識煩惱，慢慢地煩惱的力量就會愈來愈強烈，自身就會受到煩惱的控制而不能自主了，這樣一來，我們的身、語、意三門都變成了煩惱的僕役，將來一定會遭遇很多痛苦。

現在許多社會上的問題，例如青年男女因爲相愛而引發許多社會新聞，就是因爲內心的煩惱已經超過自己所能控制的範圍。對凡夫而言，適可而止、知足常樂是非常重要的。要控制自心的煩惱，不可讓煩惱無止盡地擴大。凡夫的內心一定有煩惱，也會產生貪戀之心，但是若不能由自己來控制煩惱，就反而會受到煩惱的控制了。當相愛的人被煩惱所控制後，可能因爲我愛對方而對方背叛我，就想殺了他或自殺，導致令人遺憾的後果。首先，他們的想法都是我愛對方，這便是希望自己能從對方那裡得到五妙欲的享樂。只要是凡夫，無可避免的會有煩惱，但自己一定要有掌控煩惱的能力，否則一旦讓煩惱控制了自心，不但傷害了自己，也傷害了別人，造成一發不可收拾的悲慘後果。

現在社會上層出不窮的問題，都起因於內心的煩惱強烈得超過了自己能控制的範圍。雖然我們沒有能力完全杜絕煩惱，但是一定要給煩惱適當的拘束，不能讓它毫無限制的擴大。所以對凡夫俗子來講，對於外在事物色、聲、香、味、觸的享樂，或是所得到的錢財、受用的物品，或者自己喜愛的人，能夠知足常樂是很重要的，必須適可而止地追求。如果不知足、不滿足，就會導致煩惱愈來愈強烈，也就無法自主地去享樂了。如果我們對於欲樂不能知足，無法掌控，慢慢地，貪戀之心會愈來愈強烈，自身就會受煩惱所控制而痛苦。我們看到很多年輕的男女、情侶們都是這樣，無法吃、無法睡，不能認眞工作和讀書，好像瘋子一樣，嚴重影響了日常生活。總之，會遭遇到很多不吉祥、痛苦與疾病，都是因爲不知足所致。若是適當的享樂，並不會帶給自己太大的痛苦和災難；但若不知足，終日只知追求享樂的話，就很危險了。

龍樹菩薩曾經引用釋迦牟尼佛所講過的句子，他提到：「人天導師說：『所有財富中，知足最殊勝。』」一個人如果能知足，就是天下的大富翁，是最富貴的人。所以財富中最殊勝的，就是知足。對於外在的受用、物品、錢財，我們必須有少欲知足的想法。除此之外，對於色、聲、香、味、觸等享樂的貪戀、執著，也應加以約束，適可而止，這樣才能長久保有這些外在事物，我們也不會受到傷害。因此，對於貪戀、執著的對境要立刻去除貪心，這才是佛子行。當煩惱生起時，要立刻想到對治煩惱的法門是什麼，再應用這個法門滅除煩惱。如果能夠減少煩惱，在沒有貪戀之心的情況下，順著五妙欲的享用，我們的身心就能產生利益，不會造成傷害。

5．勝義菩提心的實修方式 I

* 禪修離戲空性
* 實修的行持
  - 對貪境捨離實執
  - 對瞋境捨離實執
  - 六波羅蜜

禪修離戲空性

前面講的都是世俗諦菩提心的實修方式，接下來講的是勝義諦菩提心的實修方式。勝義諦菩提心的實修方式分爲上座（等持）階段與下座（後得）階段。上座階段是指一些離戲空性的實修方式，下座階段則是指一些實修道路的行持。

在上座（等持）階段的時候，該如何實修呢？心要專注在離戲論的空性上，不緣取，在無所緣取的空性中來做禪修，便是勝義諦菩提心的禪修方式。

頌二十二　諸法所顯唯自心，性體本離戲論邊，
不著能取所取相，心不作意佛子行。

這個頌文的意思是：因爲外在顯現出來的一切對境，都是在我們內心顯現的，並不是實體。一般提到外在的對境，都是內心的習氣開始發揮作用時所顯現的。所謂「內心的習氣」是一種錯覺，是一個迷惑、錯亂的景象，所以我們所看到的一切景象只是內心習氣產生的迷惑、錯覺。外在所顯現的景象，根本沒有眞實的存在。既然如此，內心到底是什麼呢？內心是遠離一切戲論的，並不是眞實的實體，是離開常、斷，遠離戲論，離一切邊，是空性的。我們的內心是離開生、住、滅，離開

有、無、常、斷各邊，離開來、去的。總而言之，內心離一切戲論，本質是空性。不過因爲我們無法了解到這一點，所以就把內心執著爲一個我，把外在色、聲、香、味、觸執著爲有一個眞實實體的存在，因而產生能、所二執。如果執著有自己、有其他者，有了實體的執著之後，就會引發輪迴中的各種痛苦，也會造作許多輪迴裡的不善業。因此，我們必須去除內心迷惑、錯亂的景象，並且認知內心的實相，了解自無始輪迴以來，內心的法性確實是遠離戲論的空性。我們要完全淨除對外在對境的執著，即內在的能執之心不要緣取任何形象的執著。我們所執著的對境有生、住、滅、來、去、常、斷、有、無等等的，這些都是妄念，是對形象的執著，都不要去作意，而應當安住在一切萬法的實相中。一切萬法的實相都是遠離戲論邊的，沒有來、去，安住在此做實修，這才是菩薩的行爲。

阿底峽尊者曾經說過：「法性離戲論，心識離戲論。」表示心要放在離戲論中。又說：「對境是沒有戲論的法界。」也就是對境萬法是遠離戲論的法界。如果對境是遠離戲論的法界，心就應當放在遠離戲論的情況。如果對境的眞實面貌是空性，是遠離生、住、滅等等的情況，是遠離戲論的法界的話，我的心就要放在實相上，放在沒有生、住、滅上，放在沒有戲論的上面。心不要去注意、執著來、去、生、住、滅、常、斷這些形象，而要安住在遠離戲論的實修，這是菩薩的實修，我們也應當如此做實修。

執著有人、有我，有自己、有他，或者這個法是有、是無，有生、住、滅等等，這是凡夫心，是有著各種妄念、執著的心，而不是菩薩行。到目前爲止，我們學習的都是凡夫的行持，而不是學習佛子行。但是大家要了解：學習凡夫行持會有什麼後果？後果就是投生在輪迴中，而輪迴的痛苦是不可思議、非常嚴重的！所以，我們現在必須捨棄凡夫行，好好學習佛子行，學習空性，遠離戲論，這樣才可以脫離輪迴，因此我們應該正視這一點，努力的修學。

這裡提到「心不作意佛子行」，「不作意」可以討論的內容就很多了。這個句子主要是談到在上座等持階段要修勝義諦菩提心，就是要專注在法性實相之空性上來修。這個觀修要怎麼做呢？就是不作意。在上座等持階段時要心遠離戲論，在不作意的情況下來修。通常我們觀修空性時，內心會用各種的注意、分析來觀修，這只是對空性作分析，而不是正確的觀修方式。我們用妄念之心來作觀修或作意，就只是作意思惟、妄念而已，並無法得到遠離妄念的實相空性，也不是對遠離妄念的實相空性來做觀修。既然對境是遠離戲論的法性，因此心性應該不要受到妄念的矯揉造作與干擾，要離開妄念的矯揉造作，自然停留、安住在法性的意義中來做實修。

在了解一切能取、所取的萬法是遠離戲論、空性的之後，就要去除妄念之心，把能取、所取的妄念之心滅除後，才能安住在萬法的空性中。

實修的行持

對貪境捨離實執

頌二十三　遭逢欣喜悅意境，應觀猶如夏時虹，
外象美麗內無實，捨離貪執佛子行。

首先去除對境貪執之心。這首偈頌是說：下座之後，遇到美好的對境，不要視為是眞實的存在，而要當作如天空的彩虹一般，如此來做實修才是佛子行。

因為色、聲、香、味、觸的對境，會引發我們的貪戀和執著，此時應該如何做實修呢？如果配合五妙欲來講解，應該會比較容易了解。例如，眼睛所對的是色法，我們看到美麗的色法而生起貪心，之後再產生對境的執著，接著煩惱就愈來愈強烈。所以當眼睛看到美麗的對境時應該怎麼做呢？我們要了解這一切對境都不是眞實存在的，就好像夏天時天空出現的彩虹一樣。彩虹有紅、橙、黃、綠、藍、靛、紫各種不同的顏色，繽紛美麗，但仍舊不是一個實體。外在的色法、美好的對境也是如此，並不是一個實質的對境，因此必須斷除對它的貪戀。如果對於色法的實體執著非常強烈，就會像飛蛾撲火般。飛蛾看到火焰明滅不定，非常炫麗，就撲向火焰中，

將自己燒死了。這個痛苦從何而來？就是把火焰當作是實體，產生強烈的執著，所以最後投入火中而死亡。如果我們太過貪戀色法、煩惱的對境，就會引發內心嚴重的煩惱，生起極大的痛苦。

其次，當我們聽到美妙的聲音時，也不可以執著爲是一個實體。聲音就好像空谷回音一樣，我們要斷除對它的貪戀、執著。如果對聲音的貪戀、執著非常強烈的話，會引發自己和其他眾生這輩子、下輩子的痛苦。

鼻子的對境是氣味，一旦對氣味有強烈的實體執著，煩惱也會隨之而生，讓自己在這輩子和下輩子飽受痛苦，所以應當視氣味如夢似幻，雖然顯現出來，卻沒有實際的存在，以此來淨除對實體的執著。

舌頭的對境是滋味。如果對美好的滋味產生實體的貪戀、執著，會造作許多的不善業，未來還會承受更多的煩惱與痛苦。在這種了知下，我們要知道美好的滋味是無常的，並非一個實體。

身體的對境是觸覺。如果對觸覺有強烈的實體執著，也會引發內心強烈的痛苦，不僅此生需承受很多痛苦，下輩子也會有惡道的異熟果報，所以要了知到身體所對的觸覺並不是實體，更不是恆常存在的，以此來淨除貪戀、執著之心，並且了解貪戀的過失。

心意的對境就是法。如果對法的實體執著非常強烈，也會引發煩惱，將來更會產生極大的痛苦，造作許多不善業，在下輩子業因成熟時於惡道時受苦，所以我們必須了解內心所對的這些法並不是實體，然後去除貪戀、執著的心。

這是內在的眼、耳、鼻、舌、身、意六根所對的色、聲、香、味、觸、法六境。六根對六境有多少的實體執著，內心就會引發多少程度的煩惱，造作多少的不善業，將來就需承受多少的痛苦。所以，衆生對外在色、聲、香、味、觸等五妙欲享樂的實體執著、貪戀愈大，煩惱就愈大；對五妙欲的執著、貪戀愈少，煩惱就愈少，痛苦也就愈少；如果對五妙欲的享樂及外在一切事物完全都沒有貪戀之心，就沒有煩惱，也就沒有痛苦。

因爲我們仍是欲界衆生，無法完全斷除對色、聲、香、味、觸等五妙欲的享樂、貪戀和執著，但是一定要盡量減少對五妙欲實體的貪戀，這樣，五妙欲的享用對我們才具有意義，否則五妙欲的對境就會對我們造成傷害，沒有任何利益可言。所以當我們在享用五妙欲時，不要當作是一個實體，而要斷除對它的貪戀，這才是佛子行，這也是我們應該要做到的。

帝洛巴曾對那若巴說：「子啊！所顯本無縛，因貪執而縛，故應斷除貪執，那若巴！」這是說所顯的一切對境並不會造成我們的煩惱、痛苦和束縛，我們的煩惱、痛苦皆起因於對五妙欲的貪戀和執著。因爲我們對色、聲、香、味、觸這些顯現的對境起了貪執之心，於是引發很多煩惱，成爲輪迴的束縛。所顯的對境本身並不會束縛衆生，是因爲衆生對它的貪戀、執著才會產生束縛。

對瞋境捨離實執

頌二十四　諸苦猶如夢子死，妄執實有極憂惱，
故於違緣逆境時，當觀虛妄佛子行。

當我們遇到不喜歡的逆境，例如身體的疾病、內心的痛苦、外在很多事情不順利、運氣不好等各種狀況時，該如何來做實修呢？應該把這些逆境當作好像夢到自己的孩子死了一樣，只不過是一場惡夢而已，並不是眞實的。同樣的，當我們遭遇各種痛苦時，不要當作是一個實體，這些只不過是一種迷惑、錯亂的景象和錯覺而已。如果把它執著爲一個實體的話，就會生起極大的痛苦。

頌文中的例子只是一個比喻：好像我們做了一個惡夢，夢見孩子死了。這時我們不需要生起強烈的痛苦，因爲這不是眞實發生的事情。可是在夢境裡，我們會執著這是眞實的，因而生起強烈的痛苦。所以當我們遇到不順的逆境時，不要當作是眞實的實體，要知道這只是一個迷惑的境相，這就是菩薩行。

當我們遇到各種逆緣、痛苦後，對痛苦、逆緣的實體執著有多強烈，痛苦就有多強烈。如果能夠不把痛苦當作是一個實體，了知痛苦本身是空性的，那麼這個惡緣就不會對我們造成傷害。

在遇到惡緣的對境時，若自己對空性的觀修力量非常強大，便可立刻安住在空性中做觀修，這樣，這些逆緣就不會造成很大的傷害，也不會使自己產生強烈的痛苦感受。當然這是一種見地，如果能在這方面有所證悟的話，就會有不一樣的效果。因此我們要了解痛苦並不存在於身體，也不存在於對境，而只是一種內心的感受。

世俗之人認為痛苦存在於我們的身體，實際上，身體只是一個由觸覺引發痛苦的助緣。痛苦存在於什麼地方呢？痛苦是內心的一種感受，再透過身體來引發。所以當生病或遇到困難時，如果內心能安住在空性中，就不會感受到任何痛苦了。了知到痛苦本身並非實體，而是空性，便能將痛苦當作實修的道路。

如果身體有某個部位是內心的感覺不能抵達的，那麼即使那個部位被砍、被割，心裡也不會有痛苦的感覺，所以是我們的內心引發了這些痛苦。若內心對身體的實執非常強烈，只要身體有一點點變化，內心就會感到強烈的痛苦。

如果我們的內心對實執、我執、貪執並不強烈，當生病時，並不會感覺太痛苦，因為我們了解到這一切都是迷惑的假象，於是能去除執著。同樣的，當外緣、事情不順利時，內心的痛苦便油然而生，認為是因為事情不順利才導致我們受苦，好像痛苦是存在於事情之上一樣。其實不是的，痛苦只是內心的感受，是依於外境的刺激或一個外界助緣推動的力量而產生，實際上並不存在於我們的內心。因此，當外在的對境引發了我們內心的痛苦時，要了解這一切都不是實體，只是一個迷惑、錯亂的假象。如果能經常這樣做實修的話，不管外界如何改變，都不會造成我們內心的痛苦。

總而言之，當我們遇到任何外在的對境、逆緣，或是身體承受許多痛苦時，都不應該有實體的執著，而要當作是一個錯覺，如夢似幻，這樣就能自痛苦中解脫。這是佛子菩薩的行為，我們也應當如此來做實修。

六波羅蜜

布施波羅蜜

《佛子行三十七頌》是將佛陀的教言及論典的思想要點集合在一起並加以融會貫通，把菩薩們主要的實修方法以及發菩提心等許多學處，完整無誤地做一個開示。就菩薩學處而言，主要是六度（六波羅蜜）的學習。龍欽巴尊者曾經說過：「諸菩薩之總學處，主要爲學習六度。」菩薩學處即是六波羅蜜，也就是說，菩薩學處雖然很多，最主要的就是六度，因此六度包括了所有的學處。

頌二十五　為求菩提身尚捨，身外物自不待言，
布施不盼異熟果，不求回報佛子行。

對渴求圓滿菩提的人來說，爲了達到這個目標，連身體也可以捨棄，那麼身外之物如錢財、物品等等的布施就更不用說了。在做布施時，應當不求對方的回報以及異熟的果報。有些人將錢財、物品布施給別人時，內心有渴求對方回報的想法，或是仍希望有異熟果報、福報的產生，這樣就不是純淨的布施。我們應當是出於對眾生的慈心、愛心、菩提心來做布施，這種方式才是諸佛子菩薩的行持。

錢財、物品的布施　可以分為小的捨、中等的捨、極大的捨。

・小的施捨是將自己所用的錢財、物品上供——供養三寶、下施——布施乞丐等，這些是屬於小的施捨。

・中等的施捨是以指例如所疼愛的子女、非常珍愛或對自己非常重要的人、事、物等來做布施，這是中等的施捨。

・極大的施捨是指為了純正的佛法與利他而毫無顧惜地將自己的身體、性命施捨出去，這是最大的施捨。

就實修來說，最重要的是先做到小的施捨。除此之外，最大的施捨——身體、性命的布施，以及中等的施捨——自己的孩子等等，對初修者而言雖然還無法實際做到，但是我們仍可以從內心觀想將自己的身體、性命、兒子、女兒布施出去，依此方式來修持捨棄之心，如此便能逐漸減少自己的貪戀和執著。

布施是指捨棄之心的實修，所以可以經由再三觀修讓自己的捨棄之心增長。但就最大的布施而言，現在做並不是適當的時機，而且以我們的能力也沒辦法做到。

《入菩薩行論》中提到布施時曾經說：「我們所布施的物品及果報都要一起布施給眾生，大家應該如此地行持捨心。」這裡提到捨心是非常重要的，因為布施指的即是內在的捨心，所以在了解《入菩薩行論》所講的內容之後，我們也應當如此來學習。布施物品的大小，或者自己能不能直接做布施，並不重要，最重要的是藉由布施來修捨棄之心。我們常談到布施波羅蜜，是指布施到彼岸、布施圓滿。這句話是什麼意思呢？是不是當我們布施時，例如使乞丐脫離貧窮的痛苦，就算是布施圓滿了呢？當然不是。那麼，怎樣才是布施波羅蜜呢？布施波羅蜜的圓滿是指透過觀修的方式，讓自己的捨棄之心徹底究竟。

舉例而言，我們的導師釋迦牟尼佛成就佛果之後，布施波羅蜜也達到圓滿，布施的量也徹底究竟了。這是說「佛陀布施錢財、物品，使得所有乞丐、窮人脫離貧窮的痛苦」嗎？當然不是，而是指佛陀從無量劫以來，不斷觀修布施，實修自己的捨棄之心，因此他的捨心已經徹底究竟，捨心的量已經完整，不可能再超越了，所以捨心到達圓滿。因此稱布施度、布施波羅蜜、布施到彼岸，是指佛的捨心已經圓滿了。

就布施某一方面的成效來說，布施是讓我們積聚福德資糧非常好的方式，也可以藉此淨除我們慳吝的習氣。

月稱菩薩在《入中論》中曾經針對布施提到：「彼諸衆生皆求樂，若無資具樂非有，知受用具從施出，故佛先說布施論。」每個人都想要幸福，在財富上沒有匱乏，然而財富是從什麼地方來的？是上輩子布施而來，所以佛陀在六波羅蜜中首先就開示了布施的實修。就此而言，累積福德資糧、幸福快樂的方式，就是布施。

布施也是一種對治的方式，能夠消滅慳吝的煩惱。密勒日巴尊者曾經說過：「斷除慳吝法，除布施無他。」對治慳吝這個煩惱的方法，就是布施。布施主要是指捨棄之心，如果把捨棄之心觀修得非常好，就能夠對治慳吝之心。如果不好好地觀修捨棄之心，雖然某人也經常做布施，給予別人一些錢財、物品，好施小惠，但他所做的布施並不能對治慳吝之心，也不是純正的布施。

無畏救度的布施　這是指對方弱小、無助，當他的生命、財產受到危脅時，我來保護他的生命，讓衆生的生命得以延續，就稱爲無畏救度的布施。例如我們平常修法時，迴向、發願給他，讓他的生命得到保障；或我們以身體、語言、行爲，或用自己的錢財、物品等方法，解除對方生命所遭受的危險，能夠活下去。又或者是當對方陷入恐慌、害怕的情況時，我們想辦法解救他免於恐懼、害怕，這也算是無畏救度的布施。

以無畏救度的布施來說，殺生在十不善業中是屬於非常嚴重的罪業，因爲憤怒是非常負面的。其次就個人來說，自己最珍惜、寶貴的就是自己的生命，對其他衆生來說也是如此，所以，最大的痛苦與恐懼莫過於生命的消失，也就是死亡，因此殺生的罪業才會這麼嚴重。了解這一點後，我們不僅不能造殺生的罪業，還要保護生命，經常買命放生，這是非常重要的。如果買命放生，我們的善行就會很廣大，就其他生命而言，我們救了他的性命，使其生命得以延續，讓他得到最大的利益，而我們也累積了最大的善根。

如果我們能夠經常保護生命、救度生命的話，以前所造的殺生罪業便可以清淨、去除。了解這些功德、利益之後，平常應當用自己的身體、語言，或錢財、物品來買命放生。如果自己的能力不足，就經常對別人放生的事做隨喜，或是修法、發願、迴向，這也是屬於無畏救度的布施。

如果向衆生布施錢財、物品，雖然能使對方免除冷熱、飢渴之苦，但所得到的利益卻遠遠比不上保護他的生命所得到的利益，因爲我們不僅僅可讓他得到溫飽，免除風寒、冷熱之苦，更保護了對方最重視的生命，使他不受到傷害，所以當然會使對方得到最大的利益。仔細了解這些道理之後，大家應該重視放生這件事，因爲這能讓我們累積廣大的善根，是非常重要的布施。

現在社會上也經常有人放生，例如放生魚苗等來保護衆生。但是有許多地方的人，他們的生命受到極大的威脅，例如發生戰爭等。在許多落後的地方，甚至是進步的社會裡，自殺的人愈來愈多，這也表示他們飽受死亡的恐懼。因爲我們追隨佛陀的勸導、教化，便應當生起大悲心，例如平常買命放生，讓動物的生命得以持續；此外也要經常迴向給世界，祈願世界和平、沒有紛爭，世上所有衆生都能免除死亡的恐懼；在自己所生存的社會中，要依自己的能力或善良之心勸告、防止很多自殺的發生，能多注意、防範是很重要的。以上這些都屬於無畏救度的布施。

正法的布施　正法的布施是指向對方講說教法、講解佛法詞句，或者是迴向、發願給對方，或是幫眾生、有情生命念誦咒語並迴向給他們，都屬於教法的布施。

即使我們不了解教法，無法講說佛法的內容，仍可以用善良、關愛之心勸導他人，端正他們的行爲，這也是屬於教法的布施。

我認識一位在大學教書的教授，聊天時，這位教授談起：「現在當老師很辛苦，教學生很累，而且學生也不一定會認眞聽講，有時甚至不是很用功。」我就告訴他：「其實你有非常大的福報，因爲你有布施正法的機會。例如，只有已經進入佛法、重視佛法的人，才會學習佛法，因此對上師、僧眾、出家人而言，只對這些人才有機會講述佛法，至於其他人就沒有機會了。但是對在小學、中學、大學教書的老師來說，不管學生喜不喜歡，都必須到學校上課，所以老師可以藉此機會教導他們待人處世的道理、端正他們的品行，慢慢地，如果學生聽進去了，對他一生的品德、言行都受用不盡，這就是正法布施的機會。」

所謂教法布施，講的內容不一定都是佛法，也不是我們一定得用佛法的詞句教導對方。例如佛法告訴我們要觀修慈心、悲心、菩提心，這是用佛法的詞句來解說，但是教化別人時，雖然我們要宣說的是佛陀開示的內容，卻可以不直接用佛法的詞句來解說。譬如你可以告訴他：「你要有愛心，用同理心去想一想對方的痛苦是什麼？快樂是什麼？經常關懷、照顧他人。」這樣他很容易就可以了解。如果你跟他說什麼叫慈心？定義是什麼？什麼叫悲心？定義是什麼？他可能並不容易了解。所以，用世俗之人可以了解的語句告訴他，更能幫助他了解和學習，對他的幫助會更大。例如在一個家庭裡，父母要好好教導子女，培養他們的關愛之心，設身處地爲別人著想；在辦公室裡，同事之間有很多聊天的機會，我們也可以告訴他們：如何讓內心獲得平靜？如何讓身體、語言與行爲走在端正的道路上？這些都屬於正法的內容，我們在做的，便是教法的布施。等他的身體、語言與行爲變得更善良，也慢慢了解善行的重要，就會開始修習佛法了。

如果面對一些學習佛法的人，可是他們的學習方式有點錯誤，身體、語言與行爲也不端正，內心也不善良，雖然表面上是在學習佛法，卻走上錯誤的道路，我們也可以慢慢地勸勉他們，引導他們對學習佛法有正確的認識。在辦公室裡，我們也可以鼓勵周圍的人經常日行一善，鼓勵大家行善業、做善事，這些也都屬於正法的布施。

就內道佛弟子而言，要端正身體、語言與行爲是非常重要的，不能輕忽，絕不能夠修著內道佛法，卻不重視身體、語言、行爲等外在的表現，這是完全錯誤的！假設一個佛教徒的談吐很得宜，行爲舉止很寧靜、調伏、優雅，別人看到了，自然會重視佛教、喜歡佛法，覺得因爲他學習佛法，受到教法的影響，所以行爲舉止非常優雅、端正，有良好的品行，心地善良，就會把他當作典範，然後自己也喜歡佛法，認為佛法多麼美好。但是假設一個人學習佛法後，身體、語言、行為都不檢點、很粗魯，其他人看了，就會覺得佛法不好，會說：「你看這個人學習佛法，是一個佛教徒，可是講話卻很粗暴，行為不得體，品行也不端正，經常給別人製造麻煩，可見佛法沒有用處。」這些人因為這個人的緣故而輕視、毀謗佛法。為什麼會這樣呢？就是因為自己的品行不好、行為不端正，別人看到之後加以詆毀，也使他累積了罪業，而我們做為一個外緣而讓他人累積罪業，這是非常不應該的。

對一個學習佛法的人來說，一定要特別注意自己的身體、語言和行為。《入菩薩行論》中提到：「或是自己觀察，或向別人詢問，一定要有高雅的行為。」也就是說要入境問俗。這個地方的身體、語言、行為怎樣是好、怎樣是不好，我們並不知道，所以自己要仔細地觀察，也可以請教別人，然後好好調整自己的身體、語言、行為。因此，擁有高雅的品行是很重要的。

特別是對學習密咒金剛乘教法的人而言，身體、語言、行為是特別重要的。為什麼呢？密咒金剛乘的教法已經從西藏傳到了許多國家，對其他國家來說，這是一個新興的外來宗教，並不是當地傳統社會的一部分，因此往往會引起許多社會人士的關注，等到它舊了、久了，就不會那麼受到重視了。例如，有一個新產品剛剛發表時，大家會覺得新奇，想知道它具有什麼功能？效果好不好？有什麼特色？等到時間久了，產品逐漸普及了，就不會有人再去詢問了。所以，密咒金剛乘傳到許多國家時，因爲屬於新興的外來宗教，自然會吸引許多好奇的目光，大家會去重視它。西藏的佛法不僅只有密咒乘門的教法，還有顯教乘門的教法，是顯密融合在一起的，所以是小乘、大乘合在一起的教法。就法而言，是屬於甚深的教法；但這並不是指其他的教法就不深奧，不是這個意思。佛陀的教法就是甚深的教法，不是深奧的法根本不會存在。但是西藏密咒乘門是顯教、密咒乘門道次第完整地結合在一起的道路，是完完整整的教法。現在這種法剛好從西藏傳到世界各地，所以對世界各國而言，這是一個新興的外來宗教，很多人會好奇地探詢，此時正是一個時機，也是一個潮流，如果修法者的身體、語言、行爲非常高雅的話，就會引起大家的重視，這是非常重要的。

就過往的歷史來反省、檢討看看：當密咒乘教法在印度顯密合爲一個教法而完整地傳到西藏時，遭遇到很多阻礙，因爲這在當時是一種新傳進去的教法。之後國王赤松德贊爲了弘揚佛法，連生命都受到威脅。有一句俗語說：「道高一尺，魔高一丈。」特別是現在這個西藏的佛法才剛開始流傳到世界各地，跟當時從印度傳到西藏的情形是一樣的，在這樣一個時機和時代背景下，學習西藏密咒乘門的人更需重視自己的身體、語言和行爲。

持戒波羅蜜

頌二十六　無戒自利尚不成，欲求利他豈可能？
故於世樂不希求，勤護戒律佛子行。

如果平常不持守戒律，爲了利益而去聞、思、修，這些聞、思、修的事情是不會成功的，所以不能達成自利。如果不能達成自利，還說要發心利益廣大的衆生，又如何能辦得到呢？連利益自己都做不到了，還說要利益衆生，這只能當作是一個玩笑罷了！因此我們要了解，要淨除對三有輪迴的執著，就要持守戒律。所謂持守戒律，例如出家人有比丘的戒律，在家人有居士的戒律，大家必須好好守護自己所得到的戒律，這便是佛子菩薩的行爲。

龍樹菩薩曾經說過：「戒爲功德基。」戒律是指立下誓言來約束自己，是一切功德的基礎。譬如內心有很多煩惱，所以造作了十不善業，現在我要約束自己，內心不產生煩惱，不要去做十不善業。如果一個人能夠約束自己不去做不善業，不產生煩惱，聞、思、修就會愈來愈進步，由聞、思、修所引發的廣大功德也會不斷地增強。相反地，如果內心對不善業、煩惱沒有約束力，無法克制自己的貪、瞋、癡，同時又做了不善業，當然他的聞、思、修就不會產生。爲什麼呢？因爲他不斷地在做不善業，內心在貪、瞋、癡的煩惱中渙散，也經常渙散在不善業中，根本不會做利益自己的善行、實修佛法與好好地學習教法。

現在假設一個人約束自己的行為不去做不善業，不要渙散在貪、瞋、癡的煩惱中，這個人自然會在聞、思、修上努力，於是在聞、思、修上的順緣就會很多，能力也會不斷地進步，而且在聞、思、修後，行善業的機會也會愈來愈多。為什麼呢？因為他的心思沒有被煩惱所控制。龍樹菩薩曾經舉了一個例子：「戒如能行（有情）、非行（無情）之大地，乃為一切功德之基礎。」會走路的生命與不會走路的森林、樹木、石頭等等，全都依附在大地之上，所以大地是一切的基礎；同樣的，所有功德的基礎就是戒律，立於戒律之上才能長出一切功德，這是龍樹菩薩在《中觀寶鬘論》中提到的。

就學習內道佛法者而言，有一個道路存在，則這條道路一定有其道次第存在。關於實修佛法的道次第，佛陀曾經做了開示，在《俱舍論》中有一品專門講實修的道次第，其中有一句話說：「應住戒勤修，聞思修所成。」守護戒律、聽聞、思惟、實修，這個就是在講道次第。守護戒律之後是聽聞，聽聞之後是思惟，思惟之後才有實修，所以「應住戒勤修，聞思修所成」，這裡面所說的就是道次第。

無論做何種聞、思、修，都有各種不同的派系與教法，大家各自聽聞、思惟自己的教法，對自己的教法做實修。可是不管你是就什麼教法、派系做聞、思、修，前題一定要有戒律，要先能約束自己身、語、意三門受到煩惱的控制及陷入不善業等情況，這種約束就稱爲戒律。我們的內心一定要有這種戒律。如果內心沒有這種約束的戒律，而讓自己身、語、意三門的行爲去做不善業或是受到煩惱所控制，我們就沒有機會聽聞教法和思惟佛法，也就沒有機會實修佛法，這樣一來，根本不會去做聞、思、修。所以不管我們做任何教法、派系的實修，一定要先持守戒律，用戒律來約束不善業或受煩惱控制的情況。先淨除不善業和煩惱等逆緣，才能進行聞、思、修，所以戒律是一切功德的基礎。

就持守戒律而言，這裡提到：「故於世樂不希求，勤護戒律佛子行。」在持守戒律時，對三有輪迴的快樂不能起貪執之心，這就是純正的出離心。在佛陀戒律上，一定要有這個不假造作的出離心。大家應當斷除對三有輪迴的貪戀、執著，產生不假造作的出離心來持守戒律。假設一個人沒有這種純淨的出離心，對三有輪迴的安樂仍有貪戀、執著，但他仍好好地守護戒律，就稱爲救度恐懼的守護戒律、求乞善好的守護戒律，並不是純正的戒律，因爲純正的戒律一定要有出離心。以不假造作的純正出離心來守護戒律，不管守護的是出家戒律或在家戒律，都可算是純正的戒律。因此，一定要清淨對三有輪迴安樂的貪執，繼而以不假造作的出離心來持守戒律，這是佛子菩薩的行爲。

難陀的故事

很久以前，釋迦牟尼佛最小的堂弟，名叫難陀，娶了一個非常漂亮的印度女子，因此佛陀常有意無意地跟他說：「你出家是最好的。」但是難陀始終沒聽進去，因爲他對太太的依戀太強烈了。釋迦牟尼佛並沒有放棄，佛陀觀察因緣成熟時，用了一個善巧方便，以神通幻化一個境界。有一天，佛陀帶難陀出去散步，不知不覺走到一座森林裡，森林中有很多猴子，釋迦牟尼佛就指著這些猴子說：「你看這些猴子跟你太太比起來怎麼樣呢？」難陀聽了哈哈大笑，對佛陀說：「我太太這麼漂亮，這些猴子怎麼能跟我太太比呢？」佛陀說：「對，你的太太實在是非常漂亮。」

過了幾天，佛陀又帶難陀到天界去，到達三十三天。天界裡，有很多天子、天女在一起玩樂、嬉戲，釋迦牟尼佛就指著這些美麗的天女問難陀說：「現在你覺得這些天女跟你太太比起來怎麼樣呢？」難陀答說：「這就不用說了，跟這些天女比起來，我太太就好像前幾天看到的猴子一樣！」這時，難陀再繼續往前走，看到一個天神的宮殿，很多天子、天女正在準備食物、飾品，並且裝飾一個寶座，好像在等待貴賓一樣。難陀就問正在工作的天子、天女：「其他天子、天女都在玩樂，爲什麼你們這麼忙碌呢？看看這個宮殿的裝飾和所準備的衣服、食物、飾品，看起來好像在裝飾新房子一樣。」天子、天女告訴他說：「你不知道嗎？現在人的世界中有一個釋迦牟尼佛，他有一個小堂弟，名叫難陀，將來會因爲持守戒律的緣故而投生天界，這個宮殿就是準備給他住的。」難陀聽了很高興，心想：「天女這麼漂亮，將來我要投生到這裡來！」當釋迦牟尼佛把難陀從天界帶回來時，難陀立刻告訴釋迦牟尼佛：「今天我要出家了！」爲什麼？因爲他貪求天界的快樂，看到天子、天女這麼美麗，所以才決定要出家。

難陀高興地出家後，也很持守戒律。這時，釋迦牟尼佛的另一個堂弟知客僧阿難，負責管理出家人，也就是出家人的總管。阿難下了一道命令說：「因爲小堂弟難陀並不是純淨地持守戒律，所以任何人都不能理他，所有的出家衆都不可以跟他一起食、衣、住、行。」下了這道命令後，當難陀坐下來想跟大家一起吃飯時，別人都站起來離開了；當難陀想和其他人聊天時，那些比丘也都離開了，沒有人要理他。過了一陣子之後，難陀非常難過，總是想不通：「爲什麼這些人都不理我？爲什麼大家都不跟我一起生活呢？」他很不快樂，就跑去問佛陀，說：「你要我出家，我也出家了；你說的比丘戒律，我也做到了，爲什麼現在這些比丘都不理我呢？」

佛陀說：「原來你這麼難過，沒關係，我帶你去散散步。」佛陀把小難陀帶到地獄去了。到了地獄時，他們看到有八冷、八熱地獄。大熱地獄正冒著熊熊烈火，房子是鐵做的，整個大地也是熊熊烈火所做的鐵塊，還有很多銅鍋，銅鍋裡是融化的銅水，很多衆生在裡面受到猛烈的痛苦。除此之外，還有火灰坑等各式各樣的地獄。

小難陀邊看，釋迦牟尼佛便逐一跟他介紹，讓小難陀內心充滿恐懼，不知不覺走到一個由燒紅的鐵所做成的空房子，房子周圍的大地也都是燒紅的鐵，裡面還有燒紅的銅鍋，鍋裡則有燒融的銅水，可是房子裡沒有眾生，只有牛頭馬面正在做準備。難陀覺得很奇怪，剛剛在各個地獄中，不論是房子裡或鐵鍋裡都有很多的眾生，這裡卻沒有，於是就問牛頭馬面：「爲什麼之前走過的地獄裡有很多有情受到猛烈的痛苦，而這間房子卻是空的呢？」牛頭馬面回答說：「你不知道呀！現在人類世界有一尊佛叫釋迦牟尼佛，他有一個弟子叫難陀，雖然出家持守戒律，可是他持守戒律只是爲了渴求異熟果報和善的果報，所以將來持守戒律的善根會得到非常快樂的果報，投生到天界去；等他投生天界，享盡了五妙欲的快樂時，就會把所有的福報用光；等到他福報用盡的那一天，就會到這裡來，所以我們正在這裡做準備。」

小難陀聽了，心膽俱裂，非常恐懼，知道原來是自己持守戒律出了問題——他沒有以出離心來持守戒律，而是以渴求天界的果報來持守戒律。現在他終於了解，雖然他跟佛陀出家，但持守戒律的動機卻是錯誤的，並沒有清淨地持戒。因此，難陀對三界輪迴產生憂懼之心、出離之心，回到人的世界後，以憂畏之心、出離之心好好地清淨持戒，所以在一生之中得到了羅漢的果位，脫離輪迴的痛苦。

從這件佛陀的事蹟，我們就可以了解：以出離心來持戒，才是純淨地持守戒律。譬如我們進行八關齋戒，守護八關齋戒的戒律，心裡想著：「我守護這八關齋戒，也許病痛會好轉，做生意的運氣會更好，下輩子會得到好的利益，也會投生在善道。」抱持這種想法來持守八關齋戒，就不是清淨的持戒。因此不管自己持守的是什麼戒律，基礎是出離心，一定要有不假造作的出離心做基礎來持戒，這樣才是純淨的持戒，這點很重要。如果能夠生出純淨的出離心來持守戒律，即使只是持守短暫的時間，功德利益仍然非常廣大。

此外，古時人們的煩惱比較薄弱，自然很容易持戒。現代人的煩惱都非常粗重，環境吵雜，人心渙散，五妙欲的享樂非常多，因此人們很容易沉淪於輪迴的快樂中，在這種情況下，如果還能以純淨的出離心來持守戒律，即使只是一天一夜的持戒，利益都比古代持守好幾年還要大。在這五濁惡世的時代，僅僅只是一天，或僅是持守一部分戒律，利益功德都比古代廣大太多了。所以在現在這個時代，如果我們可以在每個月的初八、月尾或是吉祥日守護八關齋戒，可以獲得廣大的利益。一般世俗男女若可以持守在家五戒的話，稱爲圓戒居士，這樣做是非常好的。如果不能持守五戒，只要持守任何一項、兩項，也都非常好，例如斷除殺生、不予取、邪淫、妄語、飲酒，以斷除之心來守護自己的任何戒律，都會得到廣大的利益。

一般而言，律儀是非常重要的。一般人雖然不會去殺害生命，但如果有一個人沒有用斷除殺生來約束、守護自己，另一個人卻以斷除之心來約束自己，作爲自己的戒律，那麼這兩個人雖然都不殺生，一個卻有不殺生的功德，另一個人則沒有。

所謂持戒是指斷除之心，《入菩薩行論》中提到：「由其成就斷離心，說名持戒波羅蜜。」斷除之心就是持戒波羅蜜。譬如，我們的身、語、意三門會做不善業，現在我要斷除做不善業這件事，並立下誓言來淨除身、語、意三門的不善業，並且以此誓言來約束自己，就稱爲戒律。以此誓言約束自己，指的就是以堅固的斷除之心來自我約束。如果斷除之心很堅固、穩定，所持的戒律就是純正的戒律。很清淨地守護戒律，就是指這個人的戒律非常圓滿、清淨。

誓言斷除三門不善業

對於平常身、語、意三門的不善業、罪惡的行爲、過失等等，立下誓言予以斷除，並且以此約束自己，就是攝律儀戒。

所以，自己一定要具備正念、正知、不放逸，淨除各種不善業的行爲。這些不善業不管是大、小、粗、細，都要依著自己的能力予以斷除，約束自己的身、語、意三門。雖然平常我們的身、語、意三門好像沒有做不善業，內心也沒有做不善業的想法，但是我們的身體和語言不知不覺間已經做了很多不善業。所以，如果內心沒有正念、正知、不放逸，便要好好觀察、檢討自己的身體、語言，努力讓自己離開不善業。在斷除不善業時，不能只特別注意嚴重的罪業，必須連小小的罪業也要留意，絕不可以做。經中說：「莫思罪微小，無害而輕蔑；火星雖微小，可焚如山草。」又有句話說：「小罪無害，率爾而行。」我們心裡想：「小小的罪業沒有關係，對我不會造成太大傷害！」所以便冒冒失失、輕率地做了，如此往往會遭受很嚴重的果報。「星星之火，可以燎原。」燒掉整座森林的大火，往往起源於很小的火苗。所以，必須約束自己不要造作不善業，即使是小小的罪業，也要盡力淨除。

身、語、意、聞、思、修各種善業

我們總是努力做身、語、意的各種善行，遇到大的善業就盡力去做，至於小的善業看起來好像沒什麼用處，就輕視它。我們應該想一想：「涓滴之水，積流成河。」一滴一滴的水可以慢慢累積成一條溪河，所以絕不能有「小善無用，輕而不做」的想法！從天上降下來的雨也是一滴一滴的，若慢慢累積，便可以裝滿水缸或變成一條河流。所以當我們努力行善業時，不僅要重視大的善業，也要盡自己所能完成小的善業。

我們日常生活中的食衣住行、行住坐臥，即使僅僅在一剎那中產生善心，也是善業。任何身體行爲、語言、思想在一剎那中都有可能累積善業，也都有可能累積惡業，所以大家從日常生活就要加以重視，要具有正念、正知、不放逸。西藏前輩及聖者曾說：「實修佛法時，行善業就像餓牛吃草。」牛餓了好幾天之後，一旦被放出去吃草時，就會不停地向前吃掉眼前的草，不會東張西望。實修者在累積善業時也應該像這樣，不要放過每一個大大小小的善業，盡自己的能力去做。有句俗話說：「走著、坐著累積善業，口中、手中累積惡業。」我們走路時、坐著時，都有可能累積善行。內心產生善心、菩提心，也會累積善行。然而講話時，則會累積罪業，手在不經意中也會累積罪業，譬如講話時，以惡口罵人不就是累積惡業嗎？所以我們在日常的行住坐臥中都有機會累積善業，也有機會累積惡業，一定要好好重視。這些都屬於攝善法戒。

有一個故事說到有三個人因爲一個小佛塔而得到解脫。第一個人做了一個小擦擦——小擦擦就是在銅做的模子中堆上泥巴，等泥巴乾了之後把模子倒出來，就是一個小小的佛塔，可以供人禮拜。第一個人做了這個小小的佛塔，累積了善業，有親近佛塔的功德，所以得到解脫成佛的因。他把這個小佛塔放在路邊，沒多久，第二個人走過來，看到小佛塔放在路邊，因爲這小擦擦是泥土做的，他便想：「如果下雨的話，這個小擦擦就會壞掉了！」這時他東看西看都沒有找到什麼東西可用，只好用鞋子蓋住佛塔，這樣下雨時，小擦擦就不會壞掉了。因爲這個緣故，他也種下一個解脫種子、善根。再過不久，第三個人經過，看到佛塔上蓋著鞋子，心想：「鞋子是骯髒污穢的東西，把鞋子放在佛塔上會累積惡業，這是不對的！」於是他爲了使佛塔乾淨，便把鞋子拿起來丟掉，因此，他以一念善心來做這件事，內心也種下了一個善的、解脫成佛的種子。所以僅僅只是一個小擦擦就讓三個人得到解脫，可見在日常行住坐臥之中，我們眞的有很多機會可以累積善業。

饒益有情戒

就是我們用六波羅蜜及四攝法（四攝法是布施、愛語、利行及同事等四種修持方式。愛語是應機說法的意思；利行是指協助他人實踐教法；同事則指以身教的方式教育他人），廣大地利益眾生。所以平常依著自己的條件，以善良之心利益眾生，就是饒益眾生戒。例如我們平常不管做了多少善業，都把這些善根迴向給一切眾生，發願祝福一切眾生，這就是饒益眾生戒。

能廣泛地利益眾生當然是最好，如果不能，我們平常仍有機會可以利益眾生，例如講一些好聽的話讓對方快樂，或是以身體的語言、行爲去利益別人，或者僅僅只是幫別人拿一個小小的東西，也是對他有幫助。所以不論事情大小，只要盡我們所能去利益眾生，就是饒益眾生戒。

當我們提到利益眾生時，很多人會想到：「利益眾生是非常偉大的事情，所以我要做廣大的布施，廣大地保護生命，這才是利他。」並不是這樣子！不管任何大大小小的事情，只要是能夠使對方得到利益的，就是利他、利益眾生的事。在現實社會中，我們有許多機會可以幫助眾生，所以不管事大、事小，我們身、語、意三門的行爲應當好好努力地去使別人得到利益。就算是我們的能力不足，不能直接利益眾生，最重要的是要不斷地生起利益、幫助眾生的良善之心，這樣跟實際幫助眾生所得到的功德、利益是相同的。譬如佛曾提到：「實際利他雖無能，然利他心恆常生，於任何處具此想，即爲於彼實際行。」雖然不能直接利益眾生，但能以善心去利益對方，如此所得到的功德是毫無差別的。如果我們的能力還沒有辦法直接地利益他人，還是可以生起善良的心和幫助他人的想法，而這種善良的想法可以做觀想，也可以做實修，因爲思惟利他時，就算是利他了，已經得到幫助對方的功德、利益了。

如果內心沒有利益他人的善心，只是在外表上做出利他的行爲，這樣便不能算是利他的事情，無法獲得利他的功德與利益。譬如有人包藏禍心，內心奸詐狡猾，有害他之心，雖然在外表行爲上做出利益他人、幫助眾生的事，但有可能因爲愚笨無知，做事的方法不對，本來想陷害他人，卻反而變成在外表上是幫助他人的行爲。另外有一種情況可能是陰錯陽差，本來想做傷害他人的事，卻反而幫助了他人，這也是有可能發生的。所以這種行爲雖然表面上是利他，但是因爲沒有利他的想法，自然就無法產生利他的功德和果報。

如果我們的內心以利他的想法幫助別人，但卻傷害了對方，這樣算是善業還是惡業呢？還是善業！因爲我們的發心是善的，還是累積了善業。

安忍波羅蜜

頌二十七

欲積福善諸佛子，應觀怨家如寶藏，
於眾生捨瞋恚心，修習寬忍佛子行。

第二十七頌講的是安忍波羅蜜。如果一個人行善，並積聚了廣大的資糧，應該把傷害自己的仇敵當成是寶藏，藉此修安忍，因此對方的瞋恨與傷害都是如意寶。我們對眾生的傷害都不應該有瞋恨，反而應當修習安忍心，這就是佛子菩薩的行為。

安忍是一切善行、苦行中利益最廣大的。《入菩薩行論》中說：「如瞋恨之罪業無，如安忍之苦行無。」瞋恨之外無罪業，安忍之外無苦行，所以安忍是最殊勝的苦行，可以累積廣大的福報；相反的，如果不安忍而發怒，就是累積了罪業。我們要時常想到這一點，這是非常重要的。《入菩薩行論》中說：「百千劫中所積集，布施妙供供如來，所有一切諸善法，一念瞋心能摧毀。」「千劫所積善，剎那瞋恨壞。」沒有迴向的千劫所累積的善業，可以被剎那間生起的瞋恨之心所毀壞，所以有句俗話說：「怒火焚燒功德林。」《入菩薩行論》中說：「若懷瞋恚逼惱心，心不寂靜不平等，不生歡喜及安樂，寢臥不安難入寐。」如果心中充滿了憤怒，就毫無安樂可言，連飲食、睡覺也不會安穩，不論什麼時候、在什麼地方、做什麼事都不可能快樂。所以大家應該好好地看一看、讀一讀、想一想《入菩薩行論》的安忍品。

日常生活中，我們僅僅聽到地獄就會心驚膽顫，然而大家要想一想，投生地獄之因就是憤怒，在憤怒中所造的不善業是非常沉重的，會造成投生到地獄道的果報，所以要去除投生地獄道的因就是不要生氣。很多人會想：「是因爲有敵人，我才會憤怒，所以我要消滅敵人。」但是其實憤怒的根本原因在於自己的內心有憤怒，才會形成敵人的存在，因此最重要的是消滅內心的憤怒，而不是消滅外在的敵人。至於要消滅內心的憤怒，最重要的就是學習安忍。如果一個人常常修安忍，不論遇到的是善人或惡人，因爲他的內心柔和平靜，所以所遇到的全部都是好人；如果他的內心暴躁易怒，毫無安忍，總覺得每個人都要傷害自己，那麼所遇到的就全部是敵人。忍耐的力量愈強，憤怒就愈少，兩者是此消彼長的。

很多人認爲善行一定要以身體、語言去幫助他人，如果僅僅是內心觀修安忍的話，並不算是善行。其實並非如此。安忍是六波羅蜜中的一項，要成佛便需兼備六波羅蜜。那麼要怎樣修安忍呢？就是要有敵人，有人來傷害我們，我們才可以藉此修安忍，也才能累積福德資糧。

也有人覺得要有眞正的仇敵來傷害我們，這樣才能修安忍。其實不僅僅是這樣。例如對夫妻、小孩、鄰居、同事、法友等等，雖然他們並不是我們的敵人，我們也可以修習安忍。比如夫妻吵架、罵小孩、法友間行爲模式不同或是同事之間不合的時候，只要有令人憤怒、生氣、發脾氣的情境，就是修安忍的時機。我們面對敵人的傷害時會生起憤怒之心，面對家人等等時也同樣會生起憤怒，因此若能將憤怒壓下來而不生氣，就是安忍。以關愛自己的人為對境來修習安忍，也是非常重要的。一個脾氣不好、容易生氣的人，會讓經常跟他在一起生活的人也感染到他的不快樂，做任何事都不容易成功。

剛開始修習安忍時，並不是那麼容易，這是因為不習慣，但只要慢慢去做，串習之心就會形成，也會愈來愈容易做到安忍。等到習慣了，內心已經非常調和、順服了，當遇到事情時，不需要特別去想，自然會安忍下來而不生氣了。如果內心習慣生氣，那麼只要遇到一點點事情就會發脾氣。現在很多人會請問上師要修什麼法？唸什麼咒？卻沒有人問要如何修持六波羅蜜？而修持六波羅蜜是非常重要的。

安忍的三種類型

損惱皆不作意之忍　這就是我們經常提到的忍耐、忍辱。忍辱的意思是對於外在其他人以身、語、意三門打罵、惡口、輕視等令人不喜歡的對境來對待我們，能夠不憤怒，好好地忍耐下來，就是「損惱皆不作意之忍」。

但並不是當對方傷害我、輕視我、迫害我時，我們才要修習安忍；除此之外，其他的場合就不需要安忍了。就安忍的時機而言，當別人直接打我們、罵我們、對我們口出惡言時，我們要做到安忍；除此之外，間接所發生的情況，例如以間接的方式傷害我們，或是在背地裡罵我們、指出我們的過錯而傳到我們的耳朵裡，這個時候當然也需要安忍，不能夠生起憤怒之心。

為法辛苦之忍

一般來說，學習佛法時，總是會有許多難行、苦行，這是一定會發生的，但是爲了學習佛法，不管再怎麼辛苦都可以忍耐，便是第二個安忍。譬如大家總是希望能夠在輕鬆舒服、快快樂樂的情況下把法學好、把實修做好，但這是不可能的。實修正法時，若是不能忍耐辛苦和勞累的話，不僅不可能學好佛法，連實修也無法修好。以前上師、前輩所講的實修口訣中有提到：「不做流淚之苦行，嘻嘻哈哈不成就。」如果修法時沒有很辛苦、痛哭流涕地做難行、苦行，反而每天嘻嘻哈哈的，這樣是不會有成就的。我們可以看看現在的情形：大多數人在學習佛法、實修教法的時候，只要遇到一點點的辛苦和勞累就沒有辦法忍受，因此不管是直接、專門地做實修，或者間接、附帶地做實修，都沒有看到成就者，這是因爲如果難以究竟地學習，實修時也就很難徹底究竟之故。

就目前的社會情況看來，就佛法和世俗的事而言，大家總是認爲世俗的事情比較重要，於是很容易地就放棄了佛法。因爲要大家放棄錢財、衣食等等是很困難的，於是有人爲求兼顧實修佛法，就會想盡辦法把實修做得更簡略、更容易、更方便，總是想著能夠用什麼方法把佛法變成是附帶的實修；如果不能達到這個目標的話，就會覺得世俗的衣服、食物、事情、錢財還是比較重要，而寧願選擇處理世俗的事情，在這種情況下，對於佛法實修上所遭遇的辛苦和勞累就絲毫不能忍耐，想要得到成就當然非常困難，連想要在佛法的實修上累積深厚的經驗和一些覺受也都難以達到。

我們從上幼稚園到現在（看看自己的年紀已經有多大了！），這段時間裡，為了滿足世俗生活而做的事情，都是非常勞累的，不管是讀書或是上班，所做的事情都是世俗的工作，只是為了能夠得到錢財和衣食，而為了這個目標，我們已經把畢生的心血和光陰消耗在世俗的事情上了；相對來看，花費在佛法實修上的心血和時間卻是少得可憐，在學習佛法上，能夠忍耐辛苦和勞累的人更是稀少！

我們為了衣食等世俗的事情可說是歷盡千辛萬苦，可是花了這麼多心血，有沒有什麼成效呢？我們可以好好反省：這輩子花了這麼多的心血、勞力與時間所做的世俗事情，其用處和精華眞是少得可憐，也沒有任何效果；不僅這樣，甚至還累積了許多罪業，讓自己的煩惱不斷增加，到頭來只不過是傷害自己而已！現在我們有這麼好的機會能夠正確地聽聞、實修純正的佛法，即使不能像我們投注大半輩子時間在世俗的事情上那般辛苦、勞累地來學習佛法，至少也要更正以前的習慣，而應當再多花一點時間在學習佛法上，就算再辛苦也要忍受。

大家可以看看許多的前輩聖者、諸佛、菩薩在實修佛法時是如何地難行、苦行，最後才得到最後成就的？以前諸佛、菩薩都是如此忍辱、辛苦才能得到這些果位，因此我們在學習正法時，在難行、苦行方面，更要好好地追隨前輩聖者的足跡，欣喜接受辛苦和勞累，這一點很重要。

佛書上也提到過：「爲了尋求佛法，上刀山、下油鍋都能夠忍受。」得到成就的菩薩，有時僅僅爲求了解一句佛法的眞正意義，不惜打破砂鍋問到底，即使被斷了手腳、斷了頭都願意，這便是「爲法辛苦之忍」。即使我們在學習佛法上無法像諸佛、菩薩一樣地忍辱，也總是要付出一點點的辛苦和勞累。舉例而言：無上導師釋迦牟尼佛在尼連禪河邊修了六年的苦行，這六年之中，他每天只喝一滴水、吃一粒麥，但也就是因爲經歷過這樣的難行、苦行，才能在菩提迦耶的金剛座菩提樹下成就佛果。

常啼菩薩賣身求法

另外一個非常有名的例子是常啼菩薩依止上師法聖菩薩的故事。常啼菩薩爲了學習甚深教法般若波羅蜜，努力地尋找上師，因此依止了法聖菩薩。有一天，法聖菩薩轉動《般若經》的法輪，講解《般若經》的教法，常啼菩薩很高興，對於這個教法渴求聽聞，信心強烈，非常喜悅。通常爲了能夠了解甚深般若波羅蜜的教法，需要供養香花、水果、錢財等等，但是常啼菩薩並沒有錢，就想到一個賣身求法的辦法：只要賣掉自己的身體，得到錢財，就可以供養，也可以學到教法。因此他就到城裡去，貼了公告表示要賣身。經過很久的時間，連詢問的人都沒有！大梵天看到了就想：「這位常啼菩薩要賣身，到底是眞的還是假的？他究竟在想些什麼呢？」因此大梵天變化成一個生意人，走到常啼菩薩面前。常啼菩薩說：「我確實想賣掉自己的身體。」大梵天說：「因爲我要供養天神，所以必須用人的肉、骨、髓來供養。」常啼菩薩聽了，高興地說：「當然可以，我可以把身體賣給你。這個身體輪迴到目前爲止，是有害而無益的，因此我常常毫無意義的就浪費了每一輩子的時間！現在爲了正法而捨棄身體，我總算是好好地運用這個身體了。」說完，常啼菩薩便拿刀子割下腿肉，又將骨頭敲碎，取出骨髓交給生意人，然後這個生意人變回大梵天的模樣，很高興地加持常啼菩薩，使他的身體恢復如故。大梵天說：「常啼菩薩確實是發自內心深處爲求純正的佛法，我只是藉此測試一下常啼菩薩的內心而已。」常啼菩薩這種難行、苦行的事蹟還有很多。

成就者的苦行

又譬如古代那若巴依止帝洛巴的故事：那若巴依止帝洛巴時，做了很多拿東西、提水、承事上師等「爲法辛苦之忍」的工作。有一天，帝洛巴帶那若巴出去，不知不覺走到一個很高的九層樓房，那裡的風景很美麗，帝洛巴看一看，便自言自語地講了一句話：「如果有人會聽我的話，他大概會從這裡跳下去吧！」那若巴東看西看，發現旁邊並沒有別人，心想：「這是講給我聽的嗎？」於是就跳下去了！那若巴縱身一跳後，身體所有的骨頭應聲碎裂，帝洛巴下來問他：「現在你覺得怎麼樣？」那若巴回答說：「痛苦得和屍體一樣。」「那若巴」這個名字的由來便是從這裡而來。「那」是痛苦的意思，「若」是屍體的意思，所以「那若巴」的意義是「苦屍者」，也就是「痛苦的屍體」。

過了一段時間，有一天，帝洛巴又帶著那若巴外出。帝洛巴說：「我的肚子有點餓了，你想辦法去找一些食物吧！」於是那若巴就出去尋找食物了。由於附近都是農田，農夫們正在種田，於是那若巴便向他們乞討了一些麵，拿回來給帝洛巴吃。帝洛巴吃了很高興，覺得自己從來沒有吃過這麼好吃的麵。那若巴心想：「我從未看過上師這麼高興。既然農夫的麵這麼好吃，那我就再去要一些。」那若巴走到了田裡，剛才有一群農夫在這裡，現在農夫們都各自去耕田了，他東看看西看看，沒有看到農夫，便偷偷抱著麵就跑，不料立刻被農夫們發現，便捉住他痛打一頓。那若巴爲了求佛法而忍受難行、苦行的故事很多，大的苦行有十二項，小的苦行更是不計其數。

又譬如密勒日巴尊者依止瑪爾巴大師的事蹟是衆所皆知的。那時的辛苦是什麼情況呢？密勒日巴尊者依止瑪爾巴大師的時候要蓋房子——東邊蓋房子、西邊蓋房子、南邊蓋房子，北邊也蓋房子，房子一間一間地拆，又一間一間地拆，蓋了又拆、拆了又蓋。蓋的時候，把泥土和石頭挑過來；拆的時候，又把泥土和石頭挑回原來的地方！這樣難行、苦行的歷史事蹟非常多，在密勒日巴尊者的傳記中都有提到。密勒日巴尊者在挑泥土和石頭的時候，渾身混著血、汗和泥土，這樣的辛苦與勞累都是爲法辛苦之忍。

前面所舉的例子都是古代的事蹟，但現在還有人這樣子做嗎？還是有的！我以前也曾經提到過，譬如如意寶晉美彭措法王就是如此。以前他在學習佛法、讀書修法時，因爲生活環境不是非常好，冬天沒有火及熱水，只有冷水和冰的乳酪，也沒有厚的衣服可穿，更沒有火爐可取暖，只能穿著單薄的衣服，喝冷水、吃冰的酸乳，就這樣來唸經、學習佛法。仁波切的上師噶瑪策滇也曾經提到過：以前西藏的生活條件並不好，沒有電燈，甚至連油燈都很難看到，那麼以前的行者爲了實修佛法而看法本的時候，該怎麼辦呢？幸運一點的話，木頭點過火之後會有煤塊，將煤塊點火之後用鐵夾夾著，吹氣就會發亮，再放到法本上面，如此地邊吹煤塊邊看法本。但有時連煤塊都沒有，只有月光，行者只能在有月亮的夜晚，向著月亮看書，一邊看書，一邊跟著月光移動，等到天亮時，都已經走到山上了。以前的生活條件不好，一定要這麼辛苦才能讀誦佛法。

上師噶瑪策滇還在世的時候，有一天，有個弟子在他那邊學習佛法，他跟上師報告：「食物快吃完了，我要去找尋食物。」話剛說完，上師便把他臭罵一頓。爲什麼呢？上師噶瑪策滇說：「以前我在學習佛法時，開始學某個法要花費好幾個月的時間，所以我會事先準備好幾個月的糌巴粉，並且分配好第一個月吃多少、第二個月吃多少、第三個月吃多少，這樣就不用再煩惱食物不夠的問題了。」而這個弟子只是爲了尋找食物，就輕易地放棄了佛法，這是很不應該的。

如意寶晉美彭措法王學習佛法時，並沒有住在房子裡，而是把山壁挖一個小坑，就在裡面睡覺、休息；平常吃的是乳酪和冷水，沒有熱水和熱的食物，他把所有時間花在佛法的學習和實修上，根本沒有時間點火煮東西！

爲什麼以前有這些成就者、大博士？因爲對這些前輩和聖者來說，跟身體和生命比起來，佛法更加重要，爲了佛法，可以放棄身體和生命。他們學習佛法時，非常辛苦地付出畢生心血，忍受難行、苦行，徹底究竟地做學問及實修，因此以前很多的實修者在一生中就成爲成就者、大博士，甚至成就佛果。現在我們則很少聽過什麼成就者或大博士，這都是因爲行者不能做到爲法辛苦之忍、難行與苦行。

以前很多前輩、聖者爲了佛法、實修與果位而捨棄自己的身體和性命，現代人則是爲了煩惱和世俗而輕易放棄自己的身體和性命。現代人的煩惱日益熾盛，有人爲了煩惱，或爲了滿足自己的欲望，追求自身世俗的快樂，若得不到，就捨棄身體、性命而自殺。以前的人是爲了學習佛法、爲了實修，寧願捨棄身體和性命而追求佛法、追求果位，現在的人則是為了自己的煩惱、貪念、瞋恨與世俗的快樂，如衣服、食物、錢財等，付出所有的心血，努力去經營，甚至到最後還捨棄自己的身體、性命去追逐，完全和以前的時代相反。如果我們不能完全和前輩、聖者一樣，至少也要做到一點點「為法辛苦之忍」，我們所有學習的佛法別說要得到究竟成就，恐怕連得到一點點的進步都沒有辦法！

不畏甚深法義之忍　就是不害怕甚深教法的意義，能夠忍耐，也就是我們經常提到的一句話：「甚深法忍」。甚深法忍就是對於甚深教法的意義不會害怕，心不動搖，能夠忍耐。前面提到前輩、聖者們難行、苦行的事蹟，大家聽了都覺得不可思議，心想：「可能嗎？有人能夠這樣做到嗎？」便產生了懷疑。

佛說：「萬法都是空性。」當我們聽到這些教法時，心裡便會產生疑問：「真的是這樣嗎？萬法都是空性嗎？」因為我們看萬法明明是有。有時我們告訴別人業力、因果或是空性的教法，他們不能接受，便說：「看不到就應該不存在吧？我看不到善有善報、惡有惡報，所以萬法可能不是空性吧？」因而產生邪見，毀謗教法，這就是對於甚深法義不能忍耐。

對於前輩、聖者的事蹟或是萬法空性、實相等等，我們應當能夠接受，產生信心，並迴向、發願：不管是直接或間接，都希望將來自己能夠知道、了解並且做到。

大家要不畏於甚深教法的意義，就算不能了解，也要相信確實如此，這樣便稱為「甚深法忍」。大家絕對不可以對這些情況或是萬法實相產生邪見。

精進波羅蜜

頌二十八　見求自利二乘士，勤修行如救頭燃，
利眾生為善德源，歡喜精進佛子行。

雖然聲聞和獨覺僅僅是爲了成就自己的利益，但是他們精進的程度就好像是拯救自己被火燒到的頭一樣。爲了利益眾生，功德的泉源之處是精進，因此勤快、精進是佛子行。

聲聞和獨覺是追求自己的利益，所追求的目標是爲了個人能夠脫離輪迴的痛苦，對於這個果位是非常精進、努力的。他們精進的程度是什麼樣子呢？就好像一個人的頭髮被火燒到了，如果沒有馬上把火撲滅的話，馬上就會死掉。聲聞、獨覺只是追求自己的利益而已，精進、努力的程度尚且如此，而我們的目標是要利益眾生、成就廣大的佛果，和聲聞、獨覺比較起來，應當如何精進就不用說了！精進是一切功德的泉源之處，這樣做是諸佛、菩薩的行持。

「精進」的定義是什麼呢？「於善事生喜是精進。」《入菩薩行論》中提到：「何謂精進？心於善法歡喜也。」對於善業，做了以後生起喜悅、快樂，就稱爲「精進」。功德的泉源之處是精進，月稱菩薩在《入中論》中也提到：「無餘功德隨精

進。」毫無疑問的，所有的功德都是跟在精進的後面——精進走在前面，後面是所有的功德。所以我們提到聞、思、修的各種功德是從哪裡得到的呢？從精進而來，都是跟在精進的後面，所以只要有精進，聞、思、修的功德就產生了。

上等的精進就有上等的聞、思、修功德；中等的精進得到中等的聞、思、修功德；末等的精進就是得到一點點聞、思、修的功德。所以，一切功德不論大、中、小，都跟在精進後面，精進的情況是什麼，所得到的功德就是什麼。所以對於聞、思、修非常重視的人，對於純正佛法熱切追求的人，毫無疑問地，精進是非常重要的。諸佛、菩薩都曾經是這樣做過，我們也應當如此做到。因此，我們內心要產生精進，對正法的實修、善業等等要心生喜悅，不要在世俗的事情中渙散、懶惰，應當在精進上好好努力。

如果把精進做一個分類，首先在我們的想法上要披上堅固的鎧甲，鎧甲就是穿在身上的鐵製衣服，這叫做「披甲精進」；第二個是在實踐上努力去做，稱為「加行精進」；第三個是對於所做的事不能退縮，稱為「不退轉精進」，有時也稱做「無厭足精進」，就是即使已經做了善的事情，但還不能滿足，仍要繼續做下去。所以首先在想法上是：「披甲精進」，正式去做是「加行精進」，做了之後是「不退轉精進」，或稱為「無厭足精進」。

披甲精進　披甲精進指的是：當我們在實修佛法或做任何善行時，在想法上要非常精進，叫做「披甲精進」。想法非常精進指的是我們在做實修、善業之前，要用誓言來約束自己，讓自己好好地努力達成，所以要先立下一個誓言：「這些事情我一定要做得徹底、究竟，好好加以完成！」這個誓言一定要堅固、穩定而強烈，以鞏固自己內心的勇氣。有了堅定的想法後，當我們做這件事情時，就不容易渙散、偷懶，反而很容易達成。因此在想法上要堅固、穩定，以誓言來約束自己，這個就是想法上的「披甲精進」。

加行精進　其次，任何的善行或實修已經開始進行之後，就要勤奮、勇猛地去做，這就是在實踐、正式去做時的「加行精進」。做善業時，不要懶惰，也不要心思渙散，身、語、意三門要專一努力地去完成，不要拖到明天、後天。有人實修佛法或是進行某一件善業時，覺得今天太忙、太累了，等明天再做；到了明天仍然是太忙、太累，又等明天再做，於是明天、明天無了期，永遠都是明天，這便是懶惰和渙散，沒有精進。所以我們已經做了前面所講的披甲精進，已經做了這個善業、這個實修的事情，沒有做完就不要懶惰、渙散，應當心力堅固、穩定地完成，身、語、意集中地去做，便是加行精進。

無厭足精進　「無厭足精進」也稱爲「不滿足精進」或「不退轉精進」，都是相同的意思。當我們已經做了善的行爲或是做了實修後，經過一段時間，心裡可能會想：「哎呀！我修的法已經夠多了，做的善業也已經夠多了，算了，不必再做了，好好休息吧！」這種想法是絕對不可以有的。我們要了解，在還沒有成就佛果之前，各種的實修、善業都是需要的，不可中斷，每一天的實修都要不斷地進步，每一天都要累積更多的善業，做更多利益眾生的事情。不論哪一部分的聞、思、修，每天都應當兼顧，不能有絲毫滿足，不要懶惰、渙散。每天往前走一步，每天進步一點點，這就是無厭足精進。如果有這樣的精進，自己所做的實修、善業，便會持續不斷地進步。

如果一個人對佛法已經滿足的話，就會停留在同一個階段，不會再進步了，所以不應該有這種情況。為了佛法的實修，在佛法的學習方面是不能夠滿足的，一定要有熱切地追求的想法。我曾經遇到一個弟子對我說：「《佛子行三十七頌》我已經聽過好幾次了，不用再學習了。」我覺得很奇怪，他怎麼不說：「這個食物我已經吃過好幾次了，不必再吃了！衣服也已經買過了，不用再買了！」從來就沒有聽過人們這樣說。大家總是不滿足於世俗的事情，衣服、錢財、享樂已經有了，還要再去追求；對於佛法卻很容易知足，已經聽過一次了，知道了，就覺得不用再讀、不用再看了，這樣是不行的！我們對佛法的學習不應該覺得滿足，對於佛法的善業、實修不能說已經做過了就夠了，學習了之後，仍要不斷地追求、精進，以期了解得更多。

學習佛法的目的是利益眾生與成就佛果，所以在沒有成就佛果之前，不管已經學習了多少，都還要繼續學習，繼續努力精進，這樣才會不斷進步，才能成就佛果。如果看了一次、聽了一次就覺得夠了，是無法成就佛果的。所以不退轉精進、無厭足精進非常重要，要在精進之下不斷地追求。

禪定波羅蜜

頌二十九 甚深禪定生慧觀，摧盡業障煩惱魔，
知已應離四無色，修習靜慮佛子行。

這個頌文只有講靜慮，雖然一開始講「甚深禪定生慧觀」，止和觀雙運在一起，但是這個頌文只有講止的部分，慧觀是下一個頌文會提到的。這個頌文的意思是具足安止的勝觀，是止觀雙運、合在一起做實修。唯有將安止和勝觀結合在一起做實修，才能淨除煩惱，這一點一定要了解。

勝觀產生之前一定要先安止。安止分為色界的安止與無色界的安止兩大類。色界的安止分為初靜慮、二靜慮、三靜慮和四靜慮；無色界的靜慮也可分為空無邊處定、識無邊處定、無所有處定、非想非非想處定四種。這裡提到四無色的靜慮，就是頌文中所說的：「知已應離四無色，修習靜慮佛子行。」應當要離開四無色的靜慮。我們修靜慮的時候，無論是色界的靜慮還是無色界的靜慮，仍會投生在輪迴之中，沒有益處，所以必須止觀雙運地做實修。勝觀產生之前要做安止，安止不是色界的靜慮或是無色界的靜慮，我們要修的是超越無色界之外的佛法靜慮，這樣的實修才是佛子行。

心的屬性是一定要修等持，如果心不能安住在等持裡，心就不堪能。「堪能」就是勝任愉快；或是以白話來講，就是心能勝任愉快。如果心在實修上不能勝任愉快的話，就會被煩惱和妄念所控制而沒有能力做實修，如此一來，心就不堪能。如果心受到煩惱和妄念所控制的話，就算做了聞、思、修、善行與實修，心都不能自由做主，實修也就沒有辦法堅固。爲什麼呢？因爲心受到煩惱、妄念的控制，無法控制自己，所以沒有能力去做實修。如果要讓心勝任愉快，並勝任實修的話，首先必須讓心安止下來。

內心修習安止時，要先把淨除粗重的煩惱和妄念。如果無法淨除細微的煩惱和妄念，可以先滅除粗的煩惱和妄念，就稱爲「堪能」——已經有能力做事情了。這個時候再進行善業或實修，心就能夠自由自主，不會被煩惱和妄念控制，這種情況下的心是堪能的心，能夠逐漸成熟功德。在修勝觀的時候想產生無我的勝慧，則心要先得到安止。假設在這之前，心沒有安止的等持，你可以去聽聞空性的教法，了解空性教法的意義後，就可以知道什麼是空性。不過就算你已經了解了，還是無法專注在空性上做等持實修，因爲心不能夠安住。所以無論如何，要追求慧觀，能夠安住在等持中是非常重要的。

靜慮可以分成三種類型，解釋如下。

童蒙受用的靜慮　「童蒙」是無知、普通的小孩；「受用」是享用，即是享用樂明無邊的覺受。「童蒙受用的靜慮」是指修安止的修樂禪定。修安止之後，慢慢地，在禪定的過程中產生了樂明無邊的覺受，因此享用這個樂明無邊的感受讓人覺得非常好。我們修安止時，最後會產生快樂的、明晰的、沒有妄念的覺受，當這種樂、明、無邊的覺受產生時，讓人覺得享用一下禪定的法味是多麼美好，因而對樂明無邊的覺受產生貪戀、執著。這是一般人的禪定、靜慮，所以稱爲「童蒙受用的靜慮」。

善辨正法的靜慮　這是指靜慮、修禪定時，當生起樂、明、無邊的覺受，不會產生貪執之情，仍然專注在空性、正法的義理中，不過仍會對空性的意義產生貪戀、執著，所以雖然已經妥善分辨正法的意義是空性，你會陷入對空性的執著，這便是善辨正法的靜慮。

如來的靜慮　這是指修安止、靜慮時，對所生起的樂、明、無邊的覺沒有貪戀和執著（如果有貪戀、執著的話，是童蒙受用的靜慮），此時仍專注在空性的意義上來修安止，對空性的意義也沒有產生貪戀、執著（如果有貪戀、執著的話，是善辨正法的靜慮），在此情況下繼續修靜慮，這就是如來的靜慮。

勝慧波羅蜜

頌三十

五度若無智慧導，菩提正覺難圓成，
認知三輪實體空，智巧合一佛子行。

如果沒有勝慧，只有靠著布施、持戒、忍辱、精進、禪定五度，便不能得到圓滿的菩提果位，因此一定要了解：在具足方便中，三輪實體空。「智巧合一佛子行」，「巧」指的就是方便，方便是指悲心、菩提心還有前面的五度，稱為「方便的分支」。「智巧合一」是在具足方便的分支下，了知三輪實體空的勝慧，而好好地觀修這個勝慧即是佛子行。

確實是如此！《集攝經》中曾經說過：「無量盲人無引導，不能見道入城郭；缺慧五度無眼導，無力能證菩提果。」欠缺勝慧的五度無法成就佛果，就像很多天生就看不到的人，如果帶領他們的也是盲人的話，不管怎麼走，都無法到達目的地；同樣的，如果欠缺勝慧做為眼睛的話，即使做了很多布施波羅蜜等五度，也不會成就佛果！一般來講，我們要救度眾生成就佛果，一定要完全斷除我執和煩惱，雖然靠著布施等前面五度也可以去除粗重的我執和煩惱，但是卻不能進一步淨除微細的我執和煩惱。為什麼呢？因為布施等五度所應該斷除的部分，並不是微細的煩惱和我執，對治微細的煩惱、我執的方式是勝慧。把微細的煩惱、我執消滅的力量，是無我的勝慧，因此能夠觀修無我的勝慧，內心產生無我的勝慧，才能消滅微細的我執、煩惱。

祥瑞法稱菩薩曾經說過：「慈等不違愚癡故，是故不能斷其過。」慈心、悲心、菩提心等和愚癡、無明、我執並不是針鋒相對、互相違背的，所以，觀修慈心、悲心和菩提心，無法完全斷除愚癡，也沒有辦法消滅愚癡的過失。既然如此，那麼愚癡、我執的對治力量是什麼？就是無我的勝慧。佛經中有句名詞：「正相違」，正確的「正」，互相違背的「相違」，意思就是直接相對、水火不相容。無明、煩惱、我執的正相違正是無我勝慧，如果我們好好地修持勝觀，產生了無我勝慧，就能消滅無明和我執，所以大家一定要在勝慧上好好努力學習。

爲什麼我們不能夠得到解脫？爲什麼我們不能得到一切相智的佛果而一直在輪迴之中？因爲有障礙阻擋，以致我們無法得到解脫，不能得到一切相智的佛果。這個障礙是什麼？是煩惱障、所知障。煩惱障會阻礙我們，使我們無法自輪迴中解脫。所知障橫亙在我們與佛之間，以致我們不能成就一切相智的佛果。如果我們希望得到解脫與一切相智的佛果，首先必須消除這兩種蓋障。但要用什麼方法呢？要先找出直接對治煩惱障及所知障的力量。《入菩薩行論》中提到：「煩惱障及所知障，黑暗對治即空性，欲速疾成一切智，云何於此不修行？」煩惱和所知的黑暗，必須用如同太陽的空性來消滅。煩惱障和所知障就像黑暗一樣，太陽能夠把黑暗消滅，因此太陽就是勝慧，所以我們要好好地實修勝慧波羅蜜。可是該如何做勝慧的實修呢？應該以這裡所提到的三輪體空來修勝慧。三輪體空修勝慧的意思是以對三輪沒有分別、執著之心來修勝慧。譬如這裡的例子是：實修者是我自己，所修的對象是空性，之後是所做的觀修、觀想和實修，不要執著這三方面是真實的實體，沒有分別、念頭去執著它，這樣就是三輪體空的實修。

對於這三者沒有自、他的貪戀和執著，心念純粹安住在法性、實相、空性之中來做實修，即是勝慧的實修。例如布施時，布施者是自己，受施者是對面那個眾生，還有布施物這三者，如果心中執著於這三個方面都有自己的形象，便是執著三輪的布施，是以這三方面都有實體、形象的執著來布施。如果不執著於我、對方、物品三方面有自己的實體和形象，了知皆是空性而做布施的話，即是三輪沒有執著的布施，亦是三輪體空的布施。

從這個例子來看，我們修勝慧也是如此。能修者是自己，要修的對象是空性，還有觀想實修，在這三方面不要有形象上的貪戀和執著。假設在觀修勝慧時，執著於我、空性、觀想實修三者都是自、他二形，都是實體，便是執著三輪的實修，而不是三輪體空的實修。大家執著這三者的形象，它們並不是一個個的實體，而是空性，這樣來做實修才是三輪體空的實修，也才是無分別、無妄念的實修，應當在這種情況下，純粹安住在法性的實相——空性中，沒有產生任何分別，心就僅僅安住在其中來修勝慧。

聞所生慧 指的是在上師跟前聽聞教法，然後將教法的詞句和意義記在心裡。

思所生慧 是指內心再三地精進思惟前面所聽聞到的教法的意義和內容，好好地檢討和分析，把不了解的疑問都去除掉。

關於聞、思、修的三種勝慧，舉例而言：上師開示萬法無我，自己專注地聆聽上師講的話，並牢記在心，這是第一個聞所生慧。在聽聞上師開示萬法無我之後，要好好分析、檢討，不能因爲顚倒的了解而產生誤解，一定要了解什麼叫我？我執又是什麼？什麼叫做萬法無我？有問題時要馬上詢問，以解答這個疑問，因此和以前就不一樣了，這個叫做思所生慧。

修所生慧 這是指已經聽聞過萬法無我的義理，並且詳細分析、檢查過了，有疑問的部分也去除掉了，已經完全了知它的意義，並將心安住在這個意義上，如此稱爲「實修」。心能安住在這個意義上，之後所產生的勝慧，就是修所生慧。

首先，上師開示的教法，我聽聞並了解這個意思，就是聞所生慧；聽完之後，分析、檢查無我的意思是什麼？我執的意思又是什麼？這樣產生的勝慧，就是思所生慧；把疑問去除了，非常確定萬法無我的意義，同時讓心要安住在上面，就是實修，在這之後就會產生修所生慧。

前面只是舉「無我」這個情況來做比喻，其他的也都是像這樣，按照自己所做的聞、思、修順序來學習。

6．勝義菩提心的實修方式Ⅱ

* 反省並斷除己過
* 批評菩薩的過失
* 捨離對親友、施主家的貪心
* 斷除粗惡的語言
* 斷除煩惱
* 心存正念、正知
* 善根迴向菩提

反省並斷除己過

頌三十一

若不省察己過錯，披佛外衣行非法，
故當恆常行觀照，斷除己過佛子行。

如果內心沒有經常靠著正念、正知去反省、檢討自己的行爲，雖然有實修者的名稱，也熱切追求、學習佛法，仍然會做出錯誤的行爲與不善業，這是可能發生的事情。所以我們平常對於自己身、語、意三門的行爲，應當用正念和正知加以檢查，才有可能滅除錯誤、惡習、妄念和煩惱，這樣做就是佛子行。

《入菩薩行論》也有提到：「諸欲守護學處者，首須謹畏護其心，若於自心不防護，必不能護其學處。」守護學處應當要護心，不能護心就不能守護學處。我們學習佛法，就應當非常重視行善去惡的戒律、學處。不過想要守護這些戒律、學處時，應該用正念、正知好好控制、防護自己的內心。因此，如果我們經常以正念、正知來反省並分析自己身、語、意三門的行爲，當煩惱或妄念剛產生時，就可應用與相隨順的對治法門加以調伏，則妄念、煩惱和不善業就能去除。

實際上，我們的內心就像個瘋子一樣，如果不加以分析、反省和檢討，妄念和煩惱就會不可思議地隨意出現！我們內心裡浮動不安的念頭與煩惱，可能和瘋子沒有差別。一個正常的人雖然內心妄念紛飛、煩惱紛呈，但是卻絕口不提，別人無從得知，因此不會認為他是一個瘋子，而以為他是一個正常的人；一個精神錯亂的人，當內心出現妄念、煩惱時，就直接脫口而出，因此大家會說他是一個瘋子、神經病。實際上這兩者的差別僅在於一個有說出來，一個沒有說出來而已，但是內心中妄念紛飛、胡思亂想是一模一樣的。我們內心的想法也是這種情況，所以我們不可被妄念、煩惱所控制，應當以對治法門來調伏煩惱，最後一定能夠淨除煩惱。如果能逐漸減少妄念和煩惱，我們的身、語、意三門就會受到約束，也就不會造作不善業。

批評菩薩的過失

頌三十二 我因煩惱道他過，減損功德徒退轉，
故於菩薩諸缺失，切莫議論佛子行。

因爲貪、瞋、癡、嫉妒或是傲慢之心等煩惱的緣故，自然就會毀謗其他菩薩的過失，將其毛病、缺點擴大、宣揚開來，這樣會衰損自己這一輩子的菩提心、福報和善根。特別是對進入大乘、修習大乘教法的修行者而言，批評其他菩薩的過失，毀謗、宣傳菩薩的毛病，會使自己大乘菩薩的律儀也衰損，連大乘的學處也衰損。所以對學習大乘教法的人而言，不應毀謗其他菩薩，也不應宣導他的過失，才算是佛子行。

毀謗其他的菩薩會導致現世或其他輩子的異熟果報出現，招致很多痛苦，這種例子也是有發生過的。哲蚌寺曾經發生這麼一件事情：哲蚌寺是西藏最大、出家眾最多的寺廟，寺裡有辯經的活動，在辯經時，由一位僧人立宗。立宗就是講立一個主題、主張來讓大家發問、辯論，這就是辯經。

有一次，當很多僧眾一起辯論時，辯論者勃然大怒，罵立宗人是頭大驢子。雖然立宗者只是一位普通的出家人，但也是一位實修菩提心的大乘修行者，實修菩提

心之後，菩提心若眞的在他的內心產生，他就眞的是一位大菩薩了，所以惡言辱罵他，就等於是辱罵了大菩薩，後果是非常嚴重的！所以辯論者的業報在這輩子就成熟了——他的耳朵慢慢腫得和驢子一模一樣。有時候他還是會到廟裡去，因爲廟裡還是會舉辦辯經，大家都會看到他。由於西藏非常寒冷，有時候僧人會用法衣把頭包起來取暖，那位僧人進來的時候，也是用法衣包著頭，所以不易辨識。然而開始辯經時，不管天氣再怎麼冷，都不能用法衣蓋住頭，特別是冬季大法會的時候。冬季大法會就是辯經大法會，很多僧人會前來辯論佛經，是非常重要的法會，但是如果那位僧人也來參加的話，就會給大家帶來很多麻煩和障礙，因此大家爲此常常修法，之後便特別規定冬季大法會時，不能用法衣蓋住頭，如此一來，他的驢耳朵就很容易被辨識出來了。直到現在，這個規定仍然存在。我曾經在哲蚌寺學法過，所以聽過前人講述這件事，知道冬季辯經大法會時不能用法衣蓋住頭的典故。哲蚌寺是一間很大的寺廟，裡面的出家衆都是規規矩矩的出家人，不過只因爲那位辯論者在辯經時一時怒罵了對方一句，異熟果報就立刻出現了。

傳記中也記載了很多這方面的事蹟，例如某人罵對方：你像一隻豬、一隻笨驢子，當惡口罵完對方之後，這個人下輩子就會投生爲一隻驢子或一隻豬，這種事蹟很多，所以我們平常應該盡量不要批評、毀謗別人的過失比較好。可是我們會這樣想：「如果不能批評、毀謗菩薩，是不是罵其他人就比較沒關係呢？」有句俗話說：

「菩薩和小偷，在哪裡你不會知道。」就算菩薩和小偷同時在你旁邊，你也不會知道。小偷偷完東西後坐在你旁邊，你不會知道他是小偷；同樣的，就算菩薩坐在你身旁，你也分辨不出來。很多人會想：「菩薩一定是一位大人物，一定是出家人。」事實上不一定是這樣子，一個普通人有可能是大菩薩轉世投胎的，也有可能一個普通人此世由實修變成一位大菩薩，所以我們不知道菩薩在何處。我們會想：「菩薩一定是出家人、大人物，所以不能毀謗和批評他們，否則會有很嚴重的過失；可是我去罵一些尋常百姓、普通人，應該沒有什麼關係。」但是你可能不知道你認爲的「普通人」，可能就是大菩薩！因此無論如何，最好還是不要毀謗、批評其他人的過失。

《入菩薩行論》中的〈迴向品〉有談到菩薩如何迴向、發願：菩薩的大悲發心、發願是希望變成橋、船、稻米、衣服、食物，只要眾生需要什麼，菩薩就發願變成什麼去利益眾生，這是菩薩所發的願望。菩薩並不是我們一般人可以看得出來的，我們沒有辦法肯定誰是菩薩、誰不是菩薩！我們看看《入菩薩行論》提到的迴向、發願，凡是眾生有需要，菩薩就會變成一座橋、一艘船，也會變成一座森林、稻米、食物，也會變成屠夫、大臣、國王、將軍等等，凡是能利益眾生、眾生有需要的話，菩薩就會化身成能夠幫助他們的形象去利益他們，所以我們不可能肯定誰一定是菩薩、誰一定不是菩薩，這是做不到的。無論如何，對於任何人，你去挑毛病、找麻煩、批評、毀謗都是不適當的，尤其如果他是一位菩薩，而你去批評、毀謗他的過失，罪業就非常嚴重了。

即使是佛陀都說過：「凡夫不能猜測菩薩。」所以，完全不去做毀謗、批評的事，是最好的。特別是對進入大乘道路實修的人而言，一定要去除毀謗其他衆生的過失、挑毛病、找麻煩的習慣。因爲大乘行者所追求的目標是利益衆生、成就佛果，利益衆生的意思就是幫助他人得到快樂，如果反而批評他、毀謗他、故意找他麻煩、指出他的過失，就等於是在傷害他，和利他是完全違背的，也與大乘實修者的目標背道而馳，所以就一個大乘的實修者而言，害他之心一定要去除。不僅是大乘行者要這麼做，一般來講，只要是進入佛教、學習佛法的內道行者，都要淨除傷害衆生的行爲，因爲所謂的法就是不要傷害衆生。提婆菩薩在《四百論》中提過：「法總說爲不傷害，爲諸如來之所說。」「法」如何定義？不傷害衆生就是佛法，這是如來說過的。因此很多人自稱實修佛法，什麼是佛法？佛法就是身、語、意三門不去傷害衆生，而且不管是直接傷害或間接傷害都要去除掉，這就是正法。

我們經常提到佛教的見地和行持：佛教的見地是空性的見地，即緣起性空的見地；行持是指不傷害衆生。因此如果我們找人家的麻煩、挑對方的毛病，就和佛法的行持互相違背。所謂傷害衆生包括身體傷害、言語傷害、心意傷害，這些傷害都應當要去除。特別是密咒金剛乘裡的修行者，誓言是非常重要的，誓言裡根本的支目是十四項——十四根本墮，其中第二項就是金剛法友之間不能起紛爭，不能互相傷害。如果互相紛爭、互相傷害的話，就是違背誓言，所以斷除對衆生的傷害是非常重要的。

捨離對親友、施主家的貪心

頌三十三　因求利敬起爭執，聞思修業漸退轉，
故於親友施主家，捨棄貪戀佛子行。

這裡講到要斷除對親友、施主、功德主的家庭的貪戀之心。此頌文的意思是：爲了求得外在的錢財、物品、受用等，或是別人身、語、意的尊敬，或是親朋好友對我們的利益、供養，會招來很多的逆境，而且會引發爭執。除此之外，特別是佛法的實修者，因爲追求這些名聞、利養、恭敬，以致聞、思、修的行爲衰損。所以要學習菩薩行持的人，必須斷除對親朋好友的家庭、錢財和物品，以及功德主的家庭、錢財與物品的貪執，這才是佛子行。

現在這個時代，就像前面所談到的，許多人爲了名聞、利養與恭敬而引發彼此不和、爭吵、打架的事件，導致內心不快樂，充滿怒氣，競爭和嫉妒之心也愈來愈強烈。有些人把外在的錢財和物品當作追逐的目標，產生強烈的貪戀、執著，導致很多的爭執；有些人是對外在的權勢、地位、別人的尊敬等等有很強的貪執，如果達不到這個目標，爭鬥也就隨之而起。我們可以看到大多數人脾氣都很暴躁，只要對方的態度稍微不禮貌或是說話的語氣不客氣，就會怒火中燒，然後去罵對方，跟

對方吵架。這些情況是如何造成的呢？因爲對於他人對待自己是否有禮貌有強烈的貪執，就會導致這種情形。

我們要好好地想想：雖然對方的態度、言語不太有禮貌，但是也許對方並沒有這種想法，並不是故意要這麼做的，只是我們誤解了他而已，因此實在沒有必要發那麼大的脾氣。或者是對方確實有這個動機，然而這時我們必須了解到他一定是受到煩惱的控制，內心肯定是不由自主的。或者是對方對我不禮貌、講話不好聽，可是我們並不放在心上，不會特別針對這件事而跟他吵架，也不會憤怒，所以對我們而言，並沒有造成很大的傷害。可是一旦我們生氣了，並跟他吵架，那麼不論對方的動機是什麼，都表示我們對言語、禮貌方面的貪戀、執著非常強烈，並導致自己不快樂，內心陷入痛苦，身、語、意也會造作各種不善業，由此可知，不能忍耐而與人爭吵，可能會導致造作不善業的後果。

如果對於外在的利益貪執之心過於強烈的話，痛苦和煩惱也會愈來愈增強。爲什麼呢？因爲我們熱衷於追求錢財、物品，致使白天不快樂，晚上睡不著，內心非常痛苦、焦慮，於是對這輩子可能會造作什麼善業或罪業毫不在意，只是一味地辛苦經營所渴求的財富，將一輩子的光陰耗費在追求財富上，把下輩子的快樂和幸福是由善業累積而來的這些事拋在腦後。因此當我們汲汲營營地追求財富時，要明白目的究竟是什麼。我們必須認知到，財富是幫助我們這輩子得到幸福、快樂的一種方法。假設我們為了追求財富而損害了這輩子的利益，甚至下輩子也沒有利益，這樣不僅沒有讓自己得到幸福、快樂，反而傷害了自己，那麼就和我們所追求的目標背道而馳了，如此將導致自己辛苦、勞累卻毫無成效可言。

在現在這個社會中，我們可以看到很多這種情況：有些人辛苦的追求財富，永不滿足，然而在歷盡千辛萬苦後，好不容易累積了的財富卻遭小偷、詐騙集團搶走或騙走，或者死亡突然降臨，自己來不及享用這些財富就死了；也有人由於太執著於這些得來不易的財富，導致心理不平衡，陷入瘋狂，變成瘋子；或者為了追求財富而造成身心極大的壓力，經常不快樂，導致身體得到癌症等不治之症，付出健康的代價。

我們應當追求的是一個能為自己帶來幸福快樂的目標；但是當我們把財富當成是追求的目標時，因為貪戀、執著而辛苦、勞累，不僅犧牲了快樂，也造成身體很多痛苦、疾病和壓力，反而傷害了自己。要知道，以追求財富為目標的想法，希望財富帶給我們的都是純粹的利益，並讓自己獲得幸福、快樂而沒有任何傷害，是很難達到的。一般而言，為了生活所需，當然需要一些錢財，但是如果過於貪執，把財富當作是唯一的目標而千辛萬苦地去追求，最後可能會讓自己失去更多。如果是這樣的話，表示自己的目標與想法是錯誤的，一切的辛苦、勞累也變得毫無意義，所以不應該讓這種情況發生，這才是佛子行。

貪戀的代價

我最近到監獄去弘法，監獄裡的人很多，這些人之所以會被關進監獄裡，可能是因爲所做的事情都只是爲了追求財富。因爲把目標完全放在追求財富上面，貪戀之心愈來愈強烈，以致做了違法的事情，就需爲此付出代價。所以，一旦錢財、世俗的享樂等等貪戀之心太過強烈，一定會帶給自己很多痛苦，造成身心不快樂，引發疾病或內心瘋狂，因此對於錢財、物品的享樂千萬不要有太強烈的貪戀、執著。

當時我跟他們提到：他們的本性並不壞，也不是罪大惡極之人，我不認爲他們是所謂的壞人，而做事情的方法錯了，才會被關進監獄裡。但是爲什麼做事情的方法會有錯誤呢？因爲受到煩惱的控制。主要的煩惱是什麼呢？因爲貪戀錢財、物品與享樂的貪欲之心過於強烈，一旦內心受到被煩惱控制後，所做的事就會違背常理，因此被關到監獄裡。所以我告訴他們，要好好地反省、檢討自己所犯的錯誤，並下定決心：「我一定不要再做違法的事情，並且應當重新規劃未來的人生，讓自己有一個好的開始與進步。」

同樣的道理，如果親戚、朋友、家人的貪執很強烈的話，吵架、爭執、痛苦、煩惱就會愈來愈多。尤其現代是一個五濁惡世，是煩惱熾盛的時代，衆生彼此間的貪愛、執著、煩惱非常強烈，也造成社會上的痛苦、煩惱愈來愈多。雖然男女之間互相愛慕並不是現在才有，是自有人類以來就有的，不過古代並沒有像現代有這麼多因爲感情問題而引發的痛苦，原因何在？因爲以前的時代，即使男女互相愛戀著對方，但是彼此的貪心、執著比較薄弱，所以這種愛只會對彼此有利益和好處，而不會像現在這樣有那麼多的痛苦和煩惱。

現代的男女朋友互相戀愛，導致很多自殺或是殺害對方的結局，造成自己和別人許多難以彌補的痛苦和遺憾，原因何在？因爲現在是煩惱特別粗重的時代，貪戀、執著太過強烈，內心受到煩惱所控制而不能自主，無法冷靜地思考，容易失去理智，因此不是自殺就是殺了對方。

男女朋友之間互相戀愛，我們可以看到這樣的情況：譬如一個女生非常愛一個男生，如果他的男朋友看了另一個女生一眼或者跟其他女生講話，這個女孩內心便產生強烈的嫉妒、煩惱，並和男朋友吵架，讓彼此非常不快樂。我們仔細想一想：互相愛慕並非不好，可是爲什麼會導致痛苦呢？是因爲貪戀之心太過強烈。假設愛對方的時候不帶著執著的心，對方即使和其他女生說話、交朋友，自己的內心也不會憤怒。如果內心經常深陷於執著、貪戀的漩渦中，雖然深愛對方，也會讓自己不快樂。就好像一個人走在懸崖或火坑上面，隨時可能會掉下來，造成身心極大的痛苦。

對於親戚、朋友、家人要斷除貪戀、執著，這是菩薩行。一般而言，在家衆裡也有很多的菩薩，彼此互相關愛，但因爲他們並不像一般世俗凡夫一樣，伴隨強烈的貪心和執著來愛對方，所以不會導致前面所提到的痛苦，也不會產生煩惱，這種情況在菩薩身上是不會發生的。

諸佛菩薩的愛無量無邊

諸佛、菩薩對一切衆生都有強烈的愛心，而且是一種無限之愛，是完全沒有傷害的，這樣的愛心比起世俗凡夫男女之間的戀愛，要強過千百萬倍，是非常偉大、無量的、沒有邊際、沒有限量的愛。諸佛、菩薩爲什麼不會因爲這種愛而導致痛苦、煩惱、憂慮、嫉妒、憤怒呢？因爲諸佛、菩薩雖然對一切衆生有強烈的愛心，卻不會像我們一樣伴隨著對衆生強烈的貪心、執著、煩惱、嫉妒等等，所以諸佛、菩薩對衆生無限的愛心是完全自由自主的，沒有受到煩惱的控制，所以不會導致痛苦和傷害。

就凡夫衆生而言，雖然彼此之間的愛心不能完全像諸佛、菩薩一樣地不受煩惱控制，但無論如何也應該減少愛心裡面的貪戀、執著。能把對對方的貪戀、執著減少到什麼程度，這個愛心所能得到的幸福就能廣大到相對的程度。如果愛心很強烈，而愛心裡的執著、嫉妒、煩惱卻很薄弱，那麼這個愛心會給自己帶來快樂、幸福與廣大的利益；如果內心摻雜了強烈的貪戀、執著、嫉妒之心，這個愛心就沒有精華可言，甚至會變成一種痛苦。因此在日常生活中，我們應當盡量減少愛心之中的貪執，不僅可以減低自己的煩惱，而且這個愛心也會非常堅固、穩定，帶給彼此幸福與快樂。

諸佛、菩薩對一切衆生的愛心可以說是無量無邊，而且非常堅固，不會改變。譬如這個衆生無論做了善業或不善業，諸佛、菩薩對這個衆生的關愛從來不會改變。無論他是好人或壞人，諸佛、菩薩對他的愛心絲毫不會因爲他做了好事或壞事而改變。而凡夫之間的愛心卻不是如此。當我愛對方時，如果對方和別人說話，就會引發我的嫉妒和煩惱，內心很容易就動搖對他的愛心；或者是因爲煩惱、嫉妒而讓自己產生強烈的憤怒，之後就不愛對方了。我們仔細分析一下：諸佛、菩薩的愛心之所以不會改變，是因爲沒有摻雜任何的貪戀、執著，因此對於對境的愛心就成了不會改變的、無量無邊的愛心；但是我們在愛中摻雜了太強烈的貪戀、執著，所以這個愛無法深入、持續、堅固、穩定。

舉一個例子來說：觀世音菩薩是愛心最殊勝的本尊，日夜從不改變，永遠在利益、慈愛衆生，對衆生的愛永遠不會退縮、改變。當祂看著衆生時，對於衆生的愛始終都存在，因此被稱爲「觀世音」。「觀」就是看的意思，因爲不斷地看著衆生，這個看永遠不改變，眼睛根本不用閉起來，對衆生的愛永遠存在。

那麼凡夫的愛又是什麼狀況呢？我們不會眼睛永遠睜開來看著對方，一旦沒有看著對方時，大概就沒有愛心存在了，所以我們的愛心經常在改變，也不會堅固、穩定。如果戀愛中的人懷著強烈的愛，不閉眼睛地看著對方的話，大概超過一個小時就睡著了，一個小時之後也許愛心就起了變化！

所以，諸佛、菩薩始終都在看著眾生，不會厭倦，不斷地愛著眾生，永遠不會改變；但是我們彼此之間的愛無法像諸佛、菩薩那麼強烈、那麼廣大，不能一直看著對方，因爲看久了就會產生厭倦。

諸佛、菩薩對眾生的愛非常堅定、深廣且不會改變。凡夫對於所愛的對象會產生強烈的貪戀、執著，所以愛心就沒有辦法堅定而深入。

了解這個道理後，就像這個頌文所提到的，在日常生活中，我們對於親人、好友、錢財、物品、世俗利益等等不要太放在心上，不要生起太大的貪戀、執著。如果貪心太過強烈，這輩子的身、心都會產生強烈的煩惱和痛苦，對此生、來生、自他都有利益的佛法之聞、思、修會有衰損。爲什麼呢？對於自己的親人、好友、物品、財富等等貪執之心太過強烈的話，會受到煩惱的控制，然後自己的身、語、意三門便會浪費很多時間在外在的錢財、物品、戀人、親朋好友身上，反而沒有時間去做聞、思、修，因此聞、思、修的功德就會衰損，所以我們平常一定要好好在斷除貪戀、執著上努力，這樣就能斷除前面提到的過失，相對地，就會得到許多功德。

敵人親友關係無常

一般而言，敵人、親友也是無常、變易的。例如，有時候內心還是互相關愛對方，但是到了下午，因為事情發生了一些變化，導致雙方反目成仇；還有，本來早上兩人還是仇人，到了下午卻化敵為友；或者今年還是很好的朋友，明年就變成敵人，以上這些情況都是有可能發生的。所以大家一定要了解：親友是無常的，經常會改變。既然如此，內心對他們的貪戀、執著就不要太強烈。或者有些人前輩子是我們的仇敵，這輩子卻變成親戚、朋友、家人；或者前輩子也許是我們的父母或最親密的朋友，這輩子卻成為了仇敵。所以，敵人和親友的關係是經常在改變、反覆無常的，對此不需要有太強烈的貪戀、執著。但這並非說彼此之間互相關愛是不好的，並不是這樣子。彼此互相關愛、互相喜歡都是好的，但是要強調的是：如果這個愛裡面摻雜了太多的貪心、執著、煩惱、嫉妒、生氣、自私自利的成份，那就不應該了，這樣會讓自己痛苦，不僅不會得到利益，反而會造成傷害。所以，互相關愛、喜歡應當使這個愛堅定不變、非常廣大、非常深切，如此的愛才可以為彼此帶來利益、幸福，這是我們應該努力去做的。

證得阿羅漢果位的小乘聖者嘎達亞那，有一天他化緣到了一戶人家門口，看到一對年輕夫婦抱著小孩坐在門口吃著魚肉，並將魚骨頭丟在地上，家裡的看門狗去吃魚骨頭，他們則拿起棍子把狗趕跑。聖者嘎達亞那有神通幻化，看到魚的上輩子是那位年輕人的父親，這輩子投生爲魚，年輕人的母親則投生爲這隻狗，而年輕夫婦懷中小孩的上輩子正是殺了年輕人父親的仇敵。嘎達亞那看了，搖搖頭說：「口食父肉打其母，懷抱殺父之怨仇，妻子啃食丈夫骨，輪迴之法誠可笑。」年輕人吃著父親的肉，又追打母親；太太（年輕人的母親）吃丈夫（年輕人的父親）的骨頭；將殺父仇敵抱在懷中，看看輪迴的事情，實在是可笑得不得了。這個例子告訴大家：敵人與親友並不是固定的，而是反覆無常、經常變來變去的，因此實在不需要對敵人、親友以及財物那麼的貪戀，我們要做的是仿傚、學習菩薩，努力將貪戀、執著減到最少，這才是佛子行。

斷除粗惡的語言

頌三十四 粗言惡語惱人心，復傷佛子諸行儀，
令人不悅之惡口，捨棄莫說佛子行。

惡口、粗暴的言語會令對方憤怒、發脾氣，會干擾對方的內心；同時，講粗暴的話也違背了菩薩的善行，更使自己累積語言的不善業，因此我們應該講能讓對方喜悅、快樂，並對對方有利益的話；除此之外，凡是令對方不快樂、傷害對方的話、粗暴的語言都不應該說，這才是菩薩的行爲。

就像前面提到的，用粗暴的言語侮罵對方，自己也會被當成是一個粗俗的人，而且因爲罵對方的緣故，對方會生氣、憤怒，便會使自己所要進行的事情，例如這輩子所要追求的利益、名氣、地位、別人的尊敬等等產生很多阻礙，致使運氣經常不好，想要達到這些目標恐怕會很困難，所以大家應當斷除粗暴的語言。

一個說話粗暴的人，大家不會喜歡他，所以不論到什麼地方，一定會遇到很多障礙與困難。譬如現在許多人找不到工作，爲什麼呢？因爲他對別人講話不禮貌，常說粗暴的、傷害別人的話，大家都不喜歡他，就算好不容易找到工作，也沒有人願意和他親近。在外工作如果沒有朋友的幫助，事情就不容易達成，一定會給自己

帶來很多的麻煩。

西藏有句俗話說：「水沒有爪子，但是可以毀壞整個村落；語言並不像刀子，但是會傷害人的心。」意思是說水不像獅子、老虎般有銳利的爪子，水在流動的時候很柔和，可是一旦河水泛濫，可能會把房子等建築物全部毀壞；語言不像刀劍般銳利，可是如果所講的是粗暴的話，句句傷害別人的心，像把心砍碎一樣，也會帶來很大的傷害。或者我們也會看到這種情況：有些人努力工作時，經常遇到別人對他說不好聽的話，惡口罵他，這就是前輩子的異熟果報。因爲他前世也經常對別人口出惡言，因此在異熟果報上，即使很努力工作，也常常遇到別人對自己講不好聽、粗暴的話。

總而言之，一定要淨除說出令對方不快樂的話。另外，有些人雖然面帶微笑、嘻嘻哈哈的，說出來的話卻很傷人或是故意諷刺的話，這也列入惡口，所以並非破口大罵才算是惡口。凡是刺傷對方、讓對方不快樂的語言都列入惡口，一切惡口都應當去除才是菩薩行。

斷除煩惱

頌三十五　煩惱串習難對治，覺智之士正念持，
貪瞋癡心初萌起，即時摧滅佛子行。

這是指如果已經生起貪戀、瞋恨、愚癡等煩惱，而且持續了很久的話，即使我們使用對治的方式也很難予以滅除。因此當煩惱剛生起時，內心就要經常維持正念。正念就是不要忘記。「念」的意思就是念念不忘，不忘善惡取捨的要點。對於善惡取捨的要點經常不忘失，就是正念。經常檢查自己身、語、意三門是什麼樣子，這是正知。一個人應當經常覺知，就好像軍人拿著刀劍一樣，經常提起正念、正知去對付貪戀、瞋恨等煩惱。在煩惱剛開始產生時，就立刻用正念、正知這個利器予以消滅，這樣去對付煩惱才是菩薩行。

當內心的貪戀、瞋恨、嫉妒、愚癡等煩惱剛開始出現時，就立刻靠著正念和正知加以對治，要滅除煩惱並不困難。為什麼呢？因為煩惱剛產生沒多久，力量還很薄弱，只是暫時出現而已，所以想要消滅並不困難。譬如在布上放一個污穢的東西，才剛放上去就立刻拿起來，因為染污還沒有滲透進去，要去除就很容易；如果惡臭污穢的東西放在布上很久了，已經深入到布裡面去之後，想要去除污穢就很困難。

如前面所講的，喜歡講粗暴語言的煩惱，或是貪戀、瞋恨等煩惱，如果已經持續很久了，往往會變成習慣而成爲一個人的本性，這時想改變就很困難，所謂「江山易改，本性難移」。

不僅僅是這樣，由於這個習性很深，就會放在阿賴耶識中，使得阿賴耶識中的這個習氣累積很久、很深厚。這種放在阿賴耶識中的習氣很不容易改變，想要去除是非常困難的！要淨除內心最嚴重的煩惱往往很困難，因爲這個煩惱本身已經沾染很久了，串習的力量非常強烈，就算我們用了一個對治的法門，然而內心對治的力量很薄弱，所以無法加以消滅。對於煩惱，自己要多做反省。

譬如炎熱的時候，雖然我們用風扇當作對治的方法，然而一點小小的涼風還是無法消暑，因爲這股熱氣的力量很強大。同樣的，當煩惱的力量變得很強時，想用一點小小的對治方式予以消滅是不可能的，因爲煩惱已經串習很久了，力量很強大。當熱氣剛開始出現時，力量還很小，我們只要稍微用一點涼風、風扇或冷氣就可以輕易地去除熱氣，所以當內心的貪戀、瞋恨、嫉妒、傲慢、害他之心，或是身體、語言的不善業剛出現時，要立刻用正念、正知來反省、檢討，馬上運用對治的方式消滅煩惱，這是很有必要的，這樣做才是菩薩的行爲。我們希望能夠仿傚菩薩，便應當如實努力地學習菩薩的行持。

心存正念、正知

頌三十六　無論何時行何事，應觀自心之相狀，
恆繫正念與正知，成辦利他佛子行。

上面的這段頌文討論到：如果內心經常存在正念、正知的話，就是菩薩行。

歸納前面所講的煩惱，簡單來說，不管在什麼地方、什麼時間、進行什麼事情，首先都要好好地反省、檢討：自己的內心是在善念中還是在不善念中？要做的是好事還是壞事？此事應不應該做？凡事都應該以正念與正知好好地分析、檢查一下自己身、語、意的行爲是什麼樣子？內心的情況是什麼樣子？經常這樣反省、檢討之後，好好地利益眾生，這就是菩薩行。

不過這個頌文實際上要講的是：不管自己的行爲如何，內心才是最重要的，所以必須具足正念與正知。爲什麼呢？假設內心善良，身體和語言等外在的行爲也會是善的；相反地，如果內心不善的話，雖然身體和語言的行爲從外表看起來好像是善業，可是實際上卻是在累積惡業。因此，善業和惡業的根本區分是在自己的內心，平常要經常以正念、正知來分析、檢查自己的內心，這是最重要的。

身體和語言的行爲的根本之處是內心。如果一個人產生邪惡的心，身體和語言

的行爲自然是不好的、不善良的；如果他產生的心是善良的，那麼身體和語言的行爲自然就是善的、好的。舉例而言，憤怒的時候，內心是不善的，所以身體也是不善的，身體就會去找對方吵架、打架，做偷盜等等很多惡業；同樣的，如果內心的貪戀、憤怒很強烈的話，就會去殺害別人、偷盜等等，造作各種不善業，語言也會造作種種的不善業，會罵對方、惡口，或者說妄語欺騙對方，或者說離間的語言傷害對方，可見身體和語言的行爲根本之處是內心。

如果內心充滿悲心、慈心、菩提心，相信業力因果，相信三寶，則身體和語言的業自然都是善的、好的。因爲具有善心、慈心、正直心、信心，相信業力、因果，身體自然就會去保護生命，不會傷害對方，也會去布施，不會偷盜，語言自然就會斷除妄語、惡口，講說利益他人、令他人歡喜的話，所以，身體和語言的行爲自然會經常在善業之中，經常都是好的。

在增上戒學、增上定學、增上慧學這三方面，如果要好好守護的話，首先要守護自己的內心。《入菩薩行論》中提到：「諸欲守護學處者，首須謹畏護其心；若於自心不防護，必不能護其學處。」欲護學處先護其心；不護內心即不能守護學處。如果想要好好守護增上戒學、增上定學、增上慧學三種學處，必須先好好守護自己的內心，要能夠控制自己的內心，否則就不能守護三學，不能做到戒學、定學、慧學。

《入菩薩行論》中提到：「若人於此勝法要，心之秘密不了知，欲求安樂除諸苦，徒勞漂流無義淵。」如果一個人對於一切法中最殊勝者——自己的內心不了解的話，就會造成許多的痛苦，而且會無意義地浪費自己的辛勞和努力。這是指我們都希望能離苦得樂，因此身體很辛苦、勞累地去做很多事情，講很多話，但是由於不了解內心的情況，不知怎麼安住？如何保護內心？如何使內心更加堅固？如何提升內心？所以完全浪費了以往所付出的辛苦、勞累，無法達到離苦得樂的目標。

既然守護自己的內心這麼重要，那麼我們該怎麼做呢？要用正念和正知。《入菩薩行論》中提到：「諸欲守護心者前，我今合掌虔誠請，願於正念及正知，縱使捨命亦守護。」要守護自己的內心，應當依止正念和正知，縱使死亡也不捨棄正念與正知的人，我們要好好地向他頂禮。一個人若想好好控制自己的內心，必須依靠正念和正知的方法。既然這個方法這麼重要，那麼即使遇到死亡這樣的危難，也不能捨棄正念和正知。一個人如果牢牢地掌握正念和正知，我寂天菩薩就會合掌頂禮他。這是指寂天菩薩對他有很大的期望，期望他好好這樣做。

內心具足正念和正知是非常重要的，我們要經常以正念和正知來反省、檢討自己的內心，之後再進行利他，這就是菩薩行。分析自己身、語、意三門的情況是正知；經常念念不忘善惡取捨的要點是正念。具足正知和正念，就可以進行利他的事；同時正念和正知對自己的內心也會有利益，這便是自利。無論是做自利或利他的事情，內心都是非常重要的。正念和正知是守護內心的根本要點，所以我們平常對於任何事情，不論是正法的實修、世俗的事情、利他的事情或是自己的事情，都必須在正念和正知之下進行。只要內心產生正念和正知，便可以成就一切事情。不過頌文寫「成辦利他佛子行」，是因爲在菩薩的學處中，利他最爲重要，菩薩所要做的事情都是以利他爲主，所以在正念和正知之下，利他是佛子行。

善根迴向菩提

頌三十七　由此精勤所修善，為除無邊眾生苦，
咸以三輪清淨慧，迴向菩提佛子行。

前面提到的菩薩學處有很多種，如果每一項都去做的話，就能夠累積廣大的善業。然而這些善業該怎麼做迴向呢？首先，迴向的對象是一切眾生，希望一切眾生遠離痛苦。迴向的方式是以三輪清淨、三輪體空的方式來做。迴向的目標則是希望一切眾生遠離痛苦之後能成就佛果。

首先，用來進行迴向的物品就是善根。任何善根是指以自己所進行的善根來代表過去自己所累積的善根、現在正在累積的善根與將來要累積的善根，以及其他眾生所累積的善業，譬如諸佛、菩薩過去所累積的善根、現在累積的善根與未來要累積的善根。從善根的本質來分類，有漏的善根，例如布施；有無漏的善根，例如證悟空性。總而言之，有漏以及無漏的一切善根，自、他一切眾生於過去、現在、未來三時所累積的一切善根，都是屬於用來迴向的物品。

其次是進行迴向的對境，也就是受到煩惱逼迫、束縛的遍滿虛空的無邊眾生。有虛空之處就有眾生，虛空無邊無際，所以眾生無邊無際。無邊的眾生受到痛苦的

逼迫和煩惱的束縛，所以我們希望一切眾生自這些逼迫和束縛中脫離，以此來做迴向。

其次是迴向的方式——以三輪清淨的方式來做迴向。三輪清淨的方式是指對三輪沒有實體的執著。三輪指的是能迴向者（自己）、所迴向者（眾生）與所迴向的物品（善根）。對於三輪沒有實體的執著，沒有貪執地來做迴向，這是指在空性之下來進行迴向，是迴向的方式。不過正式的三輪清淨、三輪體空的迴向，應該是已經證悟了空性才可以做到，就凡夫而言，因爲沒有證悟空性，所以仍無法做三輪清淨的迴向。然而就算沒有辦法做到正式的三輪清淨迴向，我們仍然可以做到類似的迴向，因爲我們都是曾經聞、思、修過空性的人，就算沒有證悟，對於空性也有一些了解和覺受，在內心思惟空性的情況下來進行對三輪沒有實體執著的迴向，就是類似三輪清淨的迴向。假設不了解空性的內容，從來沒有感受到空性，對空性也從來沒有做過聞、思、修的人，如何做迴向呢？就像一切三世諸佛、菩薩爲了利益眾生，以善根做迴向的方式一樣，我也爲了利益眾生，按照諸佛、菩薩的方式把我的善根迴向給眾生，這也是類似三輪清淨的迴向。因爲三世諸佛、菩薩利益一切眾生時，他們的迴向都是三輪清淨的迴向，所以現在我按照諸佛、菩薩的方式來做迴向的話，當然也是類似三輪清淨的迴向。

前面講到以善根對一切眾生以三輪清淨的方式做迴向。然而爲了什麼原因來迴向呢？這就是講迴向的目的。迴向的目的分爲暫時的目的與究竟的目的。暫時上的目的，首先是希望眾生脫離三惡道的痛苦，能夠投生在善道；其次是希望在天、人善道的眾生能夠脫離煩惱的束縛，最後得到解脫。究竟上的目的是願一切眾生證得圓滿的佛果。如果以這種方式來做迴向的話，善根不但能變成證得佛果的原因，而且在我們未成就佛果之前，善根所成熟出來的果報將重重無盡，不會結束，善根所感得的果報亦無量無邊，不斷地產生、增加。假設我有了善業，但是這個善業不是以眾生證得佛果菩提來迴向的話，會變成什麼樣子呢？首先這個善根不會變成我們成佛的原因，只會成熟世俗的快樂。當善根成熟世俗的快樂時，這個善根不會再成熟出其他的快樂，所以成熟的果不會層層不盡，而是我們受用了一次果之後就沒有了。其次是善根會消失，因爲果報已經出現了，善根就不會存在了。如果不迴向的話，善根就會變成這種情況。

即使是小小善行，也要迴向

在佛經中也有談到：「如水滴落大海中，海未乾涸其不盡，迴向菩提善亦然，未獲菩提其不盡。」就像水滴流入大海，海水不窮盡，水也不會枯竭；如果將善根迴向佛果菩提的話，在還沒有得到佛果菩提之前，善根也不會消失。如果水滴到大海中，水就會與海水混在一起，只要海水沒有乾涸，滴水也就不會乾掉。如果我把善根迴向給眾生證得佛果菩提的話，在眾生沒有得到佛果菩提之前，這個善根也會變成眾生證得佛果的原因；其次，此善根所成熟出來的果也不會窮盡，會再三地成熟出果實，不但不會消失，還會不斷地增廣。

或許有人會這麼想：「做了廣大善業才需要做迴向，小小的善業就不需做迴向了。」並不是如此！所做的善業不論大小，都必須做迴向，這是很重要的。佛經中提到：「即使給動物一小團飯，也要做迴向。」對一隻狗、一隻貓等小動物，就算我給他一把飯，雖然只是一個小小的布施，仍然要做迴向。我們的善業不管大小，進行完畢後一定要做迴向，否則這個善根不一定會成熟為果報，而且往往不會成熟出快樂的果報。雖然俗話說「善有善報」，然而善業一定會成熟出快樂的果報嗎？不一定！假設善根沒有迴向、發願的話，將來不一定會成熟出好的果報。救巴仁波切三業怙主寂天頌恭在《大手印五支道》中的口訣講過：「福慧二資如同摩尼寶，迴向即為阿噶如之布，二者相合乃能生資具，如是行者應當重迴施。」二資糧的如意寶珠，如果不發願勤快擦拭的話，願求之果也不會成熟，因此對於結行迴向，我們應當要努力、精進地去做。如意寶珠是指我們一切的財富——福德資糧和智慧資糧，這二種資糧就像如意寶珠一樣，而迴向、發願正如同勤快擦拭如意寶珠一般，如果不用祈請、發願勤快地擦拭這如意寶珠的話，所渴求的果是不會實現的。因此，最後迴向、發願的部分要勤快地去做，這是非常重要的。

我們經常提到三種解脫：聲聞果位、獨覺果位與大乘果位。爲了所追求的目標，所做的任何善業一定要迴向於自己要達到的目標，否則做再多的善根也不會得到果位，無法得到解脫，因爲不會成熟出果報。譬如我爲了要成佛而累積了廣大的善根，所以這個善根一定要迴向證得佛果菩提。假設做了廣大的善根卻沒有迴向於證得佛果菩提的話，這個善根本身並不會變成得到佛果的原因，那麼又如何能成佛呢？沒有因，怎麼會有果？因爲沒有迴向證得佛果，所以不是成佛的原因，即使再怎麼做廣大的善業也不會成佛，因爲不是成佛的原因。

又譬如我們爲了投生到西方極樂世界而做了很多的善行、實修，這個善行、實修便要特別迴向於投生淨土。如果我們做了很多的善業，所追求的目標是這輩子長壽、無病、發財，則這些善業也要特別迴向給自己長壽、無病、發財。假設做了善業而不迴向給這個目標的話，就不一定能成熟出使自己長壽、無病、發財的果報。

就進入大乘的學習者而言，所做的一切事情都應當爲求利益眾生；不過就初階實修的凡夫眾生而言，要讓自己一切作爲的出發點都是爲了利益眾生，是很困難的。無論如何，現在我們的善根完全迴向於利他、發願利益眾生的話，利他的善心便容易產生。而且就算自己所做的事情並不是直接地利他，但由於迴向、發願之故，這件事情也會變成利他的事。因此就實修大乘佛法的人而言，迴向、發願是非常重要的。

總而言之，不管內心抱著什麼目的而做很多善業、實修，則這個善業就要特別迴向給這個目的。如果我是爲了某個目的而累積廣大的善業，並將善業特別迴向給這個目的的話，善根就會成熟，想得到的果實也會成熟、出現。關於這個部分，密勒日巴尊者曾經說過：「山頂禪修大修士，山腳布施功德主，二人成佛有緣起，緣起根本在迴向。」在山頂的山洞閉關的禪修士與住在山腳下幫助他禪修的功德主，二個人同時會成佛，因爲有緣起。爲什麼二人都會成佛呢？爲什麼有這麼好的緣起呢？緣起的根本就在於迴向。簡單來說，不管爲了達到什麼目標，我們所進行的善業一定要迴向給這個目標，那麼這個善業就會成熟出果實。

因爲我們是學習大乘的行者，因此善根一定要迴向給成就佛果與利益一切眾生，其他世俗的事情或者聲聞、獨覺中羅漢的果位等，都不是大乘行者究竟的目標。聲聞、獨覺的羅漢果位雖然已經脫離輪迴的痛苦，但仍舊不是究竟的解脫，所以大乘行者的目標應當是迴向於究竟圓滿佛果及利益遍滿虛空的一切眾生，而不應該是得到聲聞、獨覺的羅漢之解脫果位。如果主要迴向的目標是成就佛果與利益一切眾生，附帶地，自己的心願也會實現。爲什麼呢？因爲我做了善業、實修，累積了福報，心願就會實現。因爲有福氣，所以雖然我是迴向於利益眾生，但是自己的長壽、無病、發財、運氣好等等也都會達成，因此實修最主要的目標應當是迴向於成就佛果與利益一切眾生。

佛經中有一句話說：「有福之人心願成。」一個人如果很有福報的話，心願一定會實現。但是為什麼他會有福報呢？因為以前累積了廣大的福德資糧，所以心裡想到什麼願望都會實現。假設他這輩子發了大財，為什麼會發大財呢？因為上輩子累積了廣大的福報，所以這輩子會發財。假設上輩子沒有累積福報，即使這輩子再怎麼辛苦、努力，也不會有很多錢財，想發財更是困難。一個人會長壽，是因為上輩子累積了長壽的因；如果上輩子沒有累積長壽的因，這輩子再怎麼努力也很難長壽，因為沒有福報。總之，大乘行者不應當迴向於自私自利的目的，而應當迴向成就佛果菩提、利益眾生，應當完全以利他為主，如此便能累積廣大的福報。如果福報深廣，心願就會實現。因此，大乘行者在迴向上，最重要的是迴向於成就佛果菩提與利益眾生。

結行

前面講的是《佛子行三十七頌》中有關菩薩行持的三十七個頌文，下面幾個頌文則是說明為什麼要寫這三十七個頌文。

> 我依經續與論典，及諸聖賢所授義，
> 為利修學佛道者，撰佛子行卅七頌。

無著賢菩薩所寫的三十七個頌文是依據佛的語言及論典，以及上師、前輩們所傳授的口訣與教導而寫下關於菩薩行持的頌文，目的是希望對渴求行菩薩行的人有一些幫助。

接下來是謙虛詞與令他生喜：

> 才疏學淺文粗劣，碩彥讀之心難喜，
> 然依經教聖言著，佛子行頌應無誤。

這裡分成二個段落，前面二句是謙虛詞，後面二句是令他生喜，因為沒有錯誤，所以令大家心生歡喜。前面二句謙虛詞是說：由於上輩子多讀書，所以一生下來就很聰明的這種天份我沒有；由於後天努力讀書，靠著不斷學習而變得聰明的能力我也沒有，因此博學多聞之士看到我這篇粗劣的文章，內心大概會覺得很好笑，是不會喜歡的。這二句其實是謙虛之詞，實際上，無著賢菩薩是一位大博士，但是仍舊要寫個謙虛詞。既然我沒有天生的聰明，也沒有後天的能力，連寫詩、詞、歌、賦的能力都沒有，大博士看了此書也不會喜歡，那麼為何我還要寫書呢？於是接下來他解釋了原因：我是根據佛陀所說的句子、後代博士所寫的典籍、傳承上師的口訣與教導而寫的，因此我所寫下的菩薩行持、菩薩學處等這些講解應該是沒有錯誤的，大家讀起來應該會心生喜悅才對。

接下來是請求寬恕的頌文：

> 深廣宏闊佛子行，愚鈍如我難盡測，
> 矛盾乖違等過失，祈請聖賢慈寬恕。

雖然我寫了這些頌文，然而菩薩的行持廣大而深遠，像我這麼愚笨的人是沒有辦法了解的，因此我寫的文句也許文詞不對，解釋的意義或許也有不對的地方，如果有這種情況的話，還要祈請十方諸佛、菩薩、大博士、賢者們原諒。這是對所寫的文詞、意義有不對的地方來做謝罪，實際上是指諸佛、菩薩內心恆常齊備正念與正知，因此時時刻刻都在反省、檢討自己的過失，有了過失便需立刻進行懺悔，使自己的過失毫無剩餘，完全清淨。以上是此四句所代表的第一個涵義。第二個涵義是要教誡後學：未來如果有人想學習菩薩的行持、學習《佛子行三十七頌》，必須努力懺悔、清淨、去除內心的墮罪、惡業、不善業等，這是非常重要的，所以這些話是在教誡、忠告後代的學者們要好好地懺悔。

最後是迴向、發願：

以此功德願眾生，依勝俗諦菩提心，
不住輪涅二邊際，證果等同觀世音。

《佛子行三十七頌》開示了教導行者累積善業的方法，希望以此善業、功德迴向給一切眾生，使一切眾生的內心能夠產生世俗諦菩提心與勝義諦菩提心。勝義諦的菩提心是大勝慧，不住於三有輪迴；世俗諦的菩提心是大悲心，不會如聲聞、獨覺般落入止息涅槃中。在此祈願眾生不住於輪迴與寂滅二邊，就像觀世音菩薩一樣，早日成就佛果。

勝慧是了悟空性的勝慧，如果沒有了悟空性，是不能脫離輪迴的。要產生了悟空性的勝慧，首先必須形成勝義諦的菩提心；其次，如果沒有大悲心，就會落入止息涅槃、寂滅這一邊，如同聲聞、獨覺的羅漢一樣。因此這裡提到不住輪迴這一邊，也不住涅槃這一邊，那是因為產生兩種菩提心：勝義諦菩提心（了悟空性的勝慧）與世俗諦菩提心（大悲心）。一旦眾生產生這二種菩提心，就不會落入二邊，反而會脫離二邊，不住在輪迴，也不住在涅槃，便能證得如同觀世音菩薩一樣的佛果。大家要如此地來做迴向與發願。這裡也表示了《佛子行三十七頌》最深的核心思想在於菩提心。

善知識系列 JB0049X

我可以這樣改變人生——佛子行三十七頌

作者：堪布慈囊仁波切
封面設計：黃健民
內文排版：雅典編輯排版工作室

總 編 輯　張嘉芳
編　　輯　徐煖宜
業　　務　顏宏紋
出　　版　橡樹林文化
城邦文化事業股份有限公司
104 台北市中山區民生東路二段 141 號 5 樓
電話：(02)2500-7696 ext2737　傳真：(02)2500-1951
協力出版　中華民國藏傳顯密菩提三乘林佛學會
台北市中山北路二段 72 巷 6 號 4 樓
電話：(02)25212359　傳真：(02)25213769
發　　行　英屬蓋曼群島家庭傳媒股份有限公司城邦分公司
104 台北市中山區民生東路二段 141 號 5 樓
客服服務專線：(02)25007718；(02)25001991
24 小時傳真專線：(02)25001990；(02)25001991
服務時間：週一至週五上午 09:30-12:00；下午 13:30-17:00
劃撥帳號：19863813；戶名：書虫股份有限公司
讀者服務信箱：service@readingclub.com.tw
城邦讀書花園網址：www.cite.com.tw
香港發行所　城邦（香港）出版集團有限公司
香港九龍九龍城土瓜灣道 86 號順聯工業大廈 6 樓 A 室
電話：(852)25086231　傳真：(852)25789337
E-mail：hkcite@biznetvigator.com
馬新發行所　城邦（馬新）出版集團【Cité(M) Sdn.Bhd.(458372 U)】
41, Jalan Radin Anum, Bandar Baru Sri Petaling,
57000 Kuala Lumpur, Malaysia
電話：(603)90563833　傳真：(603)90576622
Email：services@cite.my

初版一刷　2008 年 7 月
二版一刷　2023 年 12 月
ISBN：978-626-7219-81-2
定價：300 元

城邦讀書花園
www.cite.com.tw

國家圖書館出版品預行編目資料

我可以這樣改變人生：佛子行三十七頌 / 堪布慈囊仁波切著.
-- 二版. -- 臺北市：橡樹林文化，城邦文化出版：家庭傳媒城邦分公司發行，2023. 12
面； 公分. --（善知識系列：JB0049X）

ISBN 978-626-7219-81-2（平裝）

1. 藏傳佛教 2. 佛教修持

226.965 112019897